일 잘하는 사람이
반드시 쓰는 글 습관

일 잘하는 사람이
반드시 쓰는 글 습관

오쿠노 노부유키 지음

명다인 옮김

더퀘스트

차례

글 쓰는 기술을
요령 있게 훔치자!

독자 여러분, 반갑습니다. 여러분이 손에 들어주신
이 책은 '마음을 사로잡는 문장'을 쓰는 데 목적이 있습니다.

이메일, SNS부터 기획안, 제품 설명서 등 비즈니스 문서,
회사나 가게의 공식 홈페이지에 올리는 공지사항과 광고
그리고 학교와 회사에 제출하는 보고서, 의뢰서, 제안서,
감사의 글, 사과문에 이르기까지
문장은 매 순간 읽는 이에게 영향을 끼칩니다.

그중에서도 읽는 이의 '마음을 사로잡는다'는 건
도대체 어떻게 하는 걸까요?

비밀은 매끄러운 문장에 있습니다.

매끄러운 문장이라고 하여 명문장을 쓰라는 말이 아닙니다.
19세기의 대문호나 현대의 소설가처럼
내면을 파고드는 날 선 문장도 필요 없습니다.
명문장은 뛰어난 재능을 갖춰야 함은 물론이고
오랜 시간 연마하지 않는 한 쉽게 나오지 않지요.
오로지 일목요연한 문장을 쓰라는 말도 아닙니다.
이런 문장은 기자처럼 꾸준히 훈련하다 보면
누구나 쓸 수 있습니다. 그러나 알기 쉽고
잘 읽히기만 하는 경우, 읽는 이의 마음을 두드리기엔
한계가 있습니다.

매끄러운 문장은 이 둘의 중간 지점에 있습니다.
막힘없이 읽히고 뇌리에 박혀 약간의 탄성이 나오는 문장을
여러분도 쓸 수 있습니다.
이 책에 나오는 프로 작가들의 기술을 내 것으로
가져온다면요.

저는 신문기자 생활을 거쳐 프리랜서가 된 후
책을 시작으로 잡지, 기사, 서평, 인터뷰, 후기 등
다양한 읽을거리를 쓰고 있습니다.
지금까지 업을 무탈하게 해올 수 있었던 이유는

이 책에서 언급할 '법칙'들을 익힌 덕분이라고 자부합니다.

열네 살에 글 쓰는 사람이 되리라고 마음먹은 후부터
손에 잡히는 책, 잡지, 신문 등 온갖 글을
문장을 갈고닦기 위한 힌트 삼아 읽었습니다.
물론 책이나 잡지를 구매하는 목적은 오락과 정보
때문이었지만 무의식중에 '이 표현 찰지네',
'이 맺음말은 나중에 써먹어야지!'라며
분석하면서 읽곤 했습니다.
그렇게 몇십 년 동안 좋은 글에 쓰인 기술을 차차 제 것으로
만든 결과, 단순히 잘 정리된 문장이 아닌
독특한 문장을 구현하는 작가가 되었습니다.
이 책에서 소개할 문장 대다수는 오랜 시간
저의 모범 답안이 돼준 것들입니다.

메일이든 책이든 문장의 최종 목적은 누군가에게 읽히는
것이죠. 읽을 의향이 생기고, 그대로 계속 읽어가다가,
끝까지 읽는 것.
이 거대한 장벽 너머에는 또 평가가 기다리고 있고요.

'덕분에 △△가 잘 이해된다.'

'다 읽느라 조금 힘들었지만 유용하다.'
'두루뭉술했던 게 해결돼 답답함이 사라졌다.'

위와 같은 평가를 받으면 마음을 사로잡는 데 성공한
문장입니다. 문장이 이상할 경우 처음부터 읽지도 않든가
읽는 도중에 포기합니다. 그나마 끝까지 읽은 사람한테마저
괜히 읽었다는 평가만 돌아옵니다.
업무 메일, 연락 문서, SNS 메시지, 투고 원고를 읽다가
귀찮아진 경험이 있으실 겁니다. 이를테면
묘하게 허세가 있거나 의식의 흐름대로
쓴 글들 말입니다.

직장 동료, 친구, 지인과 소통할 때도 흔히 일어나는 일인데
불특정 다수를 대상으로 쓴 글은 말할 것도 없지요.
아무도 읽지 않는 홍보 메시지, 시선이 머물지 않는
광고 문구와 공지 사항, 반응조차 없는 신제품 발표를
우리는 자주 목격하지만 그런 글은 기억에서 금세
사라집니다.

만약 '매끄러운 문장'으로 바뀐다면 어떨까요?

메일이나 SNS로 따스한 반응을 받게 됩니다.
기승전결이 잘 잡힌 보고서를 받은 직장 상사는
요약정리가 훨씬 수월해집니다.
기획안이나 제안서의 평판이 좋으면 회사에서
인정받게 됩니다.
경쟁 업체와는 어딘가 다른 독특한 홍보글을 인터넷에
올리면 규모가 작은 회사나 가게여도 관심이 쏠립니다.

과장하는 게 아니라, 실로 뛰어난 문장이라면
이 정도 효과는 기본으로 따라옵니다. 입소문을 타려고
애쓰지 않아도 사람들이 알아서 퍼뜨려줍니다.
인생이 갑작스레 바뀔 가능성도 있습니다.

어떤가요? 이 책을 덮고 난 여러분의 문장은
이토록 큰 힘을 발휘하게 될 것입니다.
제 평생에 걸쳐 갈고닦은 법칙들을 알기 쉽게
정리해놓았으니 하나씩 따라가기만 하면 됩니다.
이제, 그 여정을 함께 떠나보시죠!

오쿠노 노부유키 올림

1장

사로잡다

어쩐지 읽고 싶은
'끌림'을 자극하는 법칙

읽히려면
'무조건 단언한다!'

우리는 무언가를 전하려고 문장을 쓴다.
그렇다면 '어떻게 해야 읽어줄까'부터 고민해야 한다.

당신이 작성한 서류, 다소 긴 메일을 받은
직장 상사나 거래처 담당자는
그 즉시 관심을 갖고 집중해서 읽을까, 읽지 않을까?
'이유는 모르겠는데 문장이 눈에 안 들어온다'라는
인상을 주면 업무 초반부터 지장이 생긴다.

그래서 글을 쓰는 사람은 고민해야 한다.
물가에서 유유히 멀어지며 항해를 시작하는 배처럼
문장이 자연스레 읽히는 분위기를 조성하는 것이 중요하다.
즉 앞부분부터 걸리는 부분 없이 읽히도록
문장이 매끈해야 한다.

누구나 쉽게 터득할 수 있는 요령이 있다.
바로 무조건 단언해서 쓰기다.
이 책에서 말하려는 강력한 문장 습관 가운데
첫 번째 무적의 법칙이다.

단호하게 단정 지으면
가치가 높아 보인다

소비자 행동을 설명하는 기획안을 쓴다고 해보자.

- 최근 꼬치구이 식당을 방문하는 여성 고객이 증가한 것 같다.
- 여성 고객이 늘어난 느낌이 든다.

이렇게 쓰려 했다면 잠시 손을 멈추자.
애매한 표현은 자제하고 아래처럼 써보자.

　　최근 꼬치구이 식당을 방문하는 여성 고객이 증가했다.

별로 어렵지 않다.
처음 두 예시는 객관적이고 조심스러운 분위기를

내려는 노력이 보인다.

하지만 일단, '근거도 없는데 이런 말을 하라고?'라는 의심은

잠시 내려놓고 기계적으로 강하게 단언하라.

그다음엔 단언에 이어붙일 문장을 찾는다.

이미 앞에서 단정했기 때문에 뒤에 올 문장이 애매하거나

모호한 어미로 끝나면 곤란하다.

반면 전개가 자연스러우면 점점 탄력이 붙는다.

문장도 관성의 법칙을 따르기 때문이다.

'함부로 단정하면 트집 잡히지 않을까?'라는 걱정은

하지 않아도 된다.

의외로 그런 오해는 생기지 않는다.

'지금 무슨 말을 하는 거야?'와 같은 반문이 돌아오기는커녕,

처음에 시도했던 문장보다 설득력이 더욱 높아진다.

왜일까.

사람은 단정해도 될 때 굳이 피하려는 버릇이 있다.

알다시피 대화에선 서로를 배려하다 보면

좋게 말해 완곡한 표현,

나쁘게 말해 빙빙 돌려 말하는 경향이 나타난다.

그래서 평소에 나누는 편한 대화의 감각대로
글을 써서는 안 된다.

예컨대 "저희 회사로서는 맡기 어려울 듯합니다"는
일하면서 자주 듣는 말이다.
이 애매한 표현이 막상 문서에 등장하면
'확실하게 말해줬으면 하는데' 싶어진다.
다소 냉정하게 보여도 "저희 회사는 맡을 수 없습니다"라고
하면 의견이 분명하게 전달돼
오히려 읽는 이는 친절을 느낀다.

단정적이고 분명한 표현을 쓰면 문장이 하나하나 짧아지고
자연스레 리듬감도 좋아진다.

한눈에 포인트 1

강하게 단언해서 쓴다.
문장이 짧아져 탄력이 붙고 리듬감도 좋아진다.

애매한 표현
'등', '같은', '라든가'는 독약

단언조의 주요 법칙 중 하나는

습관처럼 붙이는 애매한 표현을 삭제하는 것이다.

주로 쓰이는 애매한 표현의 패턴은 다음과 같다.

- **등** = ○○이나 ○○ 등의 행위/ '□□' 등 사용자가 있다
- **측** = 저희 직원 측이 실례했습니다/ 귀사 측에서 준비해주시 겠습니까?
- **라든가** = ○○든가 △△든가 ○○든가/ '××'라든가 하는 일 이 있다
- **라는** = ○○라는 방법/ △△이라는 의미에서/ □□이지 않을 까라는 생각이 들었다
- **듯하다** = ○○하는 편이 나을 듯하다/ 원인으로 △△가 꼽힐 듯하다
- **같은** = ○○ 같은 느낌이 든다/ △△ 같은 색의/ □□인 것 같

은 기분이다

- **지도 모른다** = ○○로 결론 내도 괜찮을지도 모른다/ △△라 고 말하면 안 될지도 모른다
- **라고 생각한다** = ○○라고 생각한다/ △△라고 생각할 때도 있다
- **어떤 의미** = 어떤 의미로는 멋지다고 생각합니다/ 어떤 의미 로는 난감하다
- **수동형** = 생각된다/ 생각되어진다/ 짐작된다/ 판단된다

문장 쓰기에 익숙한 사람들도
여차하면 별 의미 없이 쓰는 요주의 단어들이다.

그렇다고 무조건 쓰면 안 된다는 말은 아니다.
꼭 써야겠다면 해당 단어 없이는 의도가 전달되지 않거나
어조가 이상해진다는 필연성이 충족되어야 한다.(←여기서
'는'은 필요하다)

애매한 표현을 쓰면 문장의 메시지가 불투명해지고
파악하기도 어려워진다. 바꿔 말하면, 맛이 옅어진다.

그러니 애매한 표현을 의식적으로 바꿔보자.

단정 표현으로 계속 바꾸다 보면 메시지가 분명하게 전달돼 깊은 맛이 우러나는 문장이 완성된다.

무조건 단언하라고 했지만 어느 수준까지인지 감이 잡히지 않을 것이다.

이제부터 글쓰기 프로의 기술을 함께 살펴보자.

프로의 기술 ─ ①
무조건 단언하고 뻔뻔해져라

요즘 들어 스트레스가 쌓여 잠이 잘 오지 않는다. 쇼지 사다오[1]의 책도 읽은 지 오래됐고, 백화점 지하 식품관에도 가지 않아서 그런 걸까. 이런 독자들에게 딱 맞는 책이 출간됐다.

도입부가 적잖게 억지스러웠다면 반성하겠지만 이 책은 쇼지 사다오가 백화점 지하라는 '음식 궁전'에 방문해 거기서 판매 중인 명물들을 그림일기 방식으로 묶어낸 책이다.

《수요일은 여우의 서평(水曜日は狐の書評)》, 키츠네 저, 치쿠마문고

---

1   주로 먹고 마시는 이야기를 쓰는 수필가.(• 본문의 주석은 옮긴이 주)

필명 '키츠네'로 알려진 수필가 야마무라 오사무가 쓴
서평의 서두다. 불특정 다수를 염두에 두고 썼는데도
"이런 독자들에게 딱 맞는 책이 출간됐다"라니
뻔뻔함이 돋보인다.

저 문장을 읽으며 '뜬금없이?'라는 의문이 들었다면
당신은 이미 글쓴이의 덫에 걸렸다.

심지어 다음 단락에서는
"도입부가 적잖게 억지스러웠다면 반성하겠지만"
이라고 의연하게 써 내려갈 정도로 배짱이 두둑하다.
불도저 같은 도입부였지만 실제로 읽어보면 생각만큼
어이없다거나 강요받는다는 느낌도 아니다.

프로의 기술 ─ ②
'결코 없다'로 단언하고, '반드시'로 못 박기

"쵸쵸(蝶々)는 강인하구나". 과거에 만난 남자친구들
에게 100퍼센트 확률로 들었던 말이다. "그래도 혼자
서는 살아갈 수 없는 사람이네"라는 말도 동시에 따라
왔다.

위태롭게 보였던 건지, 병적으로 현실감이 떨어지기 때문인지, 아니면 억센 성격인 줄 알았는데 알고 보니 툭하면 칭얼대는 여자라서 그런 건지. 어째서 그들이 하나같이 그렇게 말했는지는 정말 모르겠지만, 사실 나도 혼자서 살아갈 마음은 결코 없다. (중략)

대체로 연인과 함께 있으면 다툼이나 마찰이 일어나겠지만 그만큼 즐거움도 감동도 지혜도 배 이상으로 커진다. 반드시.

《당당한 여자가 되는 법(小悪魔な女になる方法)》, 쵸쵸 저, 다이와출판

여성 독자를 대상으로 쓴 책의 일부다.
내용 자체는 차치하고, 이 글이 지닌 독특한 표현은
실용적인 문장 작성에도 유용하다.

이 글의 핵심적인 특징은 말미에 나온
"결코 없다", "~진다. 반드시"라는 표현이다.
덕분에 저자의 메시지가 독자의 마음에 성큼
다가가 파고든다.

업무상의 문장에는 남발할 수 없지만

단언의 어조가 드러나는 표현이니 기억해두자.
언제 어디서 활용할지 모른다.

한눈에 포인트 **2**

애매한 표현 '등', '같은', '라든가'는 빼고
전달 메시지를 명확하게 드러낸다.

자신 있게 단정하면
저절로 매혹된다

읽는 이의 마음을 사로잡으려면 걱정과 불안은 떨쳐내고, 반강제로라도 자신 있게 써야 한다.

당당하게 단언하는 문장으로 다듬으면 놀랍게도 설득력이 생긴다. 이것이 일종의 박력이며, '읽게 되는 힘'을 자아낸다.

실제 비즈니스 문서 작성에는 어떻게 적용될까.

기획안에 응용된 예시를 함께 보자.

✗ 두루뭉술한 문장

특집 '여성을 위한 태블릿 PC'

최근 노트북 사용자 수는 감소하고, 태블릿 PC를 들고 다니는 사람은 증가한 듯합니다. 회사가 밀집한 지

역과 관광지에서도 태블릿을 사용하는 사람이 많이 보입니다.

태블릿은 노트북보다 가벼워서 그런지 여성 사용자가 눈에 띕니다. 미국과 유럽에서는 레시피를 검색하거나 간단한 연락을 주고받는 용도로 쓰며, 주부들 사이에서는 스마트폰보다 태블릿의 인기가 더 많은 듯합니다. 따라서 남성들이 선호하는 '기기'가 아닌 여성을 위한 '실용품'이라는 관점에서 태블릿을 광고하면 어떨까요. "취업 준비생에게 필요한 태블릿", "커리어가 소중한 당신에게 필요한 태블릿", "취미 생활을 즐기고 싶은 당신에게 필요한 태블릿"이라고 제안하면 읽을 가치가 있는 특집이 될 수도 있다고 생각합니다.

여성 독자가 많은 잡지 편집부 회의에 올라온 광고 기획안의 서두라고 해보자. 딱히 나쁘지는 않다. 다만 박력이 살짝 약하다. 회의 참석자 중 목소리 큰 사람이 지적이라도 하면 모처럼 준비한 기획안이 물거품이 될지도 모른다.

이제 프로의 기술인 '단언조'로 바꾸어보자.

○ 생동감 있는 문장

특집 '여성을 위한 태블릿 PC'

태블릿 PC를 들고 다니는 여성이 증가했습니다. 회사와 여행지에서 태블릿을 사용하는 광경은 일상이 되었습니다.

노트북은 무겁고 투박합니다. 스마트폰은 휴대가 용이하지만 화면이 작습니다. 미국과 유럽의 주부들 사이에서는 태블릿의 인기가 높아지고 있습니다.

따라서 '여성이야말로 태블릿을 사용해야 한다'는 기획안을 제안합니다.

남성이 선호하는 '기기'가 아닌 여성을 위한 '실용품'이라는 관점에서 태블릿을 광고하는 겁니다. "취업 준비생에게 필요한 태블릿", "커리어가 소중한 당신에게 필요한 태블릿", "취미 생활을 즐기고 싶은 당신에게 필요한 태블릿"이라고 제안하면 읽을 가치가 있는 특집을 만들 수 있습니다. 반드시 말입니다.

처음부터 끝까지 메시지가 잘 드러난 문장이다.

'듯하다', '라고 생각한다', '이지 않을까'와 같은 애매한 표현을 단언조로 바꾸었다.

끝에서는 '프로의 기술 ②'(19페이지)를 활용했다. 비즈니스 문서와는 조금 거리가 있는 형식이지만 기획을 어떻게든 통과시키고 싶고 강력한 어필이 필요한 상황이라면 활용해보자. 당신의 적극적인 태도는 분명 전달될 것이다. 더구나 문장을 잘 끊으니 리듬감도 생겨났다.

기획안의 완성도를 높이려면 이러한 표현뿐만 아니라 '태블릿은 여성에게 인기 있다'는 사실을 뒷받침할 근거가 여실히 드러나는 데이터가 들어가야 한다. 근거가 확실하다면 더 자신 있게 단언할 수 있다. 단정 표현을 쓰려다가도 '과연 자신 있게 밀고 나갈 수 있을까?'라는 생각이 들면 다시 애매한 표현이 나온다. 단정 내릴 수 없을 정도라면 쓰지 않는 게 좋다. 내가 확신하는 점을 쓰는 것이야말로 읽는 이에 대한 예의다. 자신 있게 쓴다. 이 법칙을 잊지 말자.

한눈에 포인트 3

자신 있게 쓰면 설득력, 박력, '읽게 되는 힘'이 생긴다.

방어가 눈에 띄면
수가 간파당한다

회사에 입고 다닐 정장으로는 짙은 남색만 한 게 없습니다.

시작부터 이런 문장이 나오면 다음과 같은 반응이
나올 수 있다.

- 회색이 훨씬 어울린다고 생각하는데요.
- 색상보다는 소재가 더 중요하죠.
- 짙은 남색이 무난하다는 발상은 시대착오적입니다.
- 장례식장에도 짙은 남색 정장을 입고 갈 작정인가요?

이쯤 되면 반론을 미리 차단하고 싶을 수 있다.
그러면 아래의 글처럼 바뀐다.

회색을 좋아하는 사람도 있고, 색상보다 소재를 중요시하는 사

람도 있다. 누가 봐도 무난한 색상을 고르면 고리타분하다고 볼
수도 있지만, 회사에 입고 다닐 정장은 역시 짙은 남색이다. 물론
장례식장 같은 특별한 경우는 논외다.

'이 사람은 무슨 말이 하고 싶은 거지?' 싶은 애매한 문장이
되어버렸다.

이처럼 읽는 입장에서 제기할 만한 반론과 비판을 예상해
미리 대답하거나 입을 막아버리는 경우가 종종 있다.
"자랑은 아니지만", "나만 그렇게 생각할 수도 있지만"처럼
짧은 문장도 있고
"○○의 경우인 사람을 위해 설명하자면"과 같은 긴 구절도
이에 해당한다.

앞서나간 표현은 섣불리 쓰지 않도록 한다.
대개는 변명으로 치부돼 자신감 없어 보인다.

비판과 반론을 막는 방어는 금물

앞서나간 표현이 모두 잘못된 건 아니다.

'잘 읽다가 이 문장에서 다들 멈칫하지 않을까?'라는
지점이 있다. 이때는 '이건 혹시 ○○라는 뜻인가요?'라는
의문에 대비해 제대로 설명해둘 필요가 있다.
'앞부분이 아직 해결이 안 됐는데'라는 위화감을 떠안은 채
신경 쓰면서 읽다 보면 결국 지친다.
앞서나간 표현이 읽는 이의 입장에서 친절하고 적절하다면
오히려 쓰기를 권장한다.

하지만 앞의 예처럼 '회사에 입고 다닐 정장으로는 짙은
남색만 한 게 없습니다'라는 주장에 추가된 앞서나간
표현들을 보니 어떤 생각이 드는가. 문장이 장황해지고
볼품없어진 이유는 동기가 잘못됐기 때문이다. 읽는 이의
의문을 미리 해결하겠다는 봉사 정신 때문이 아니라
비판이 싫어서 몸을 사리며 쓴 글이다. 다양한 반응을
사전에 차단해 반론을 피하려는 일종의 '방어'다.
이러한 의도는 금방 들통난다.

회사뿐 아니라 어른의 문장에도 '방어'는 속출한다.
서류에서 다음과 같은 표현을 본 적 있을 것이다.

 • 아직 세부 조사가 남았지만 ○○라는 경향으로 판단된다.

- △△라는 견해도 있지만 전반적으로는 □□라는 설이 여전히 유력하다.
- ○○일지도 모른다. 다만 낮은 확률로 △△일 수도 있다.

완곡한 대화 표현은 사회인의 암묵적인 규칙이다.
그러나 '누구에게나 읽히는 문장', '영향력 있는 문장'을
쓰길 원한다면 방어는 금물이다.
필연성이 결여된 완곡 표현은 이해하기 어렵다.
속이 시원하지 않고 읽다 만 느낌이거나 답답함이 남는다.
읽는 이에게 부담이 된다.

차라리 방어를 아예 거두는 것이 낫다.
반론이나 다른 의견뿐 아니라 논점에서 벗어난 반격이
오더라도 그냥 받아들이자. 여기에 신경 쓸 시간에
거짓 없는 문장을 만드는 데 집중하자.

한눈에 포인트 4

비판을 피하려는 방어는 거두자.

사과문은 깔끔하고
직설적으로 쓴다

빠져나갈 구멍을 만들지 않고 깔끔한 글을 써보자.
뒷걸음치지 않겠다는 의지는 읽는 이에게도 닿는다.

깔끔하게 쓴다는 건 어떤 걸까. 실제 예시를 보자.

다음은 고민 상담에 대한 답변이다.
아내의 말투가 거칠고 품위가 없어 고민이라는 남편에게
작가 나카지마 라모가 답변한 내용이다.

프로의 기술 — ③
갑자기 난폭하게 휘두른다

당신은 세상 물정 모르는 사람이군요.
예부터 '품위가 없으면 결점이 보이지 않는다'고 하죠.

지적하신 점은 오히려 주부로서는 좋은 성품입니다.

지인의 집에 손님으로 가보면, 온화하게 웃는 아내분이 군림하는 집인 경우 재떨이가 없더군요. 베란다로 쫓겨나 조촐히 담배 한 모금 피우는 남편의 모습을 상상하면 안타까울 따름입니다.

《나카지마 라모의 특선 명랑한 고민 상담실 <그 첫 번째>(中島らもの特選明るい悩み相談室 〈その1〉)》, 나카지마 라모 저, 슈에이샤문고

무슨 말을 하는지 잘은 모르겠지만 박력이 굉장하다.
시작부터 "당신은 세상 물정 모르는 사람이군요"라고
단정 내린다. 독자의 정곡을 찌른다.
'세상 물정 모른다'는 쓴소리에 뜨끔하는 사람이 많다는
점에서 훌륭한 서두다. 이어서 "예부터 '품위가 없으면
결점이 보이지 않는다'고 하죠"라며 맥락과 무관한 데다
실제론 없는 속담을 인용해 독자를 휘두른다.[2]
초장부터 강력한 말 펀치를 맞고, 까닭 모를 격언까지
가세하자 독자는 판단력을 잃고 별생각 없이 끌려간다.

---

2 원래 속담은 色の白いは七難隠す로, 피부색이 희면 다소 인물이 부족해도 미인으로 보인다는 의미다.

능글맞은 문장이다.

프로의 기술 — ④
변명 없이 오로지 의견만 연발한다

아침 9시, 광분한 민중이 술렁대기 시작한다. 이를 알리는 확성기 소리. 피리에 북소리에 징도 울린다. 나는 호스를 끌고 와 창문에서 물을 뿌리고 싶어진다.
그만큼 축제가 싫다. 단 한 번도 열광한 적 없다.
애초에 축제 같은 건 폭동이나 내란을 막으려는 눈속임이다. 에너지를 발산시켜 치안을 유지하려는 높은 사람들의 책략에 보기 좋게 걸려들었을 뿐이다.

《이토야마의 명상(絲的メイソウ)》, 이토야마 아키코 저, 고단샤문고

이 글은 변명 하나 보태지 않고 반복적인 '싫다'로
설득력을 높인다. 보통은 '그러나 축제를 좋아하는 사람도
있으니'라고 수습하기 마련인데 저자는 어중간한 태도를
보이지 않는다. '좋아하는 사람에게는 미안하지만'으로
방어하면 오히려 축제를 좋아하는 사람들의 심기를
건드리는 불쾌한 문장이 된다.

잔꾀를 부리지 않고 직설적으로 써야 전달된다.

방어하지 않겠다고 마음먹으면 문장이 어떻게 달라질까.
불만 사항에 대한 사과문 메일 예시를 살펴보자.

당신이 담당하고 있는 프랜차이즈 음식점의 아르바이트생이
고객의 언행을 조롱하는 글을 인터넷에 올렸다고 해보자.
이 글을 본 고객이 사과를 요구하는 메일을 본사로 보냈다.
아르바이트생 교육 담당자인 당신은 어떻게 써야
사죄의 마음을 전할 수 있을까.
형식적인 사과문은 아래와 같다.

> **✕ 두루뭉술한 문장**
>
> 저희 가게 직원이 고객님께 실례를 범하고 인터넷에
> 불미스러운 글을 올리게 된 점에 대해 진심으로 사과
> 의 말씀 올립니다.
> 저희 가게는 평상시부터 개인 정보 취급 연수를 통해
> 직원들을 교육하고 있습니다. 하지만 지적하신 바와
> 같이 고객님께 불쾌한 행위를 저지른 것에 대해 진심

으로 사과드립니다.

직원 한 명이 개인적으로 일으킨 불상사라고는 하나 저희는 이번 사태를 가볍게 넘길 생각이 없습니다. 이에 따라 (생략)

직장인의 예절을 소개하는 책에 나올 만한 사과문 예시다.

형식대로, 정석대로 쓰면 특별히 문제는 발생하지 않는다.

긁어 부스럼 만들 위험도 없다.

그렇지만 이 글을 읽고 깊이 감동할 일도 없다.

'역시나 형식적인 사과문이네'라는 생각만 든다.

마음을 누그러뜨리는 효과는 거의 없다.

책임을 회피하려고 방어하는 문제점도 보인다.

'개인적으로 저지른 일', '평상시부터 교육하고 있다'라는 말에서 조금이라도 유리한 고지에 있으려는 의도가 훤히 보인다.

좋지 않은 표현을 걷어내고 '단정 내리기'를 적용하면 다음과 같아진다.

저희의 행위로 불쾌감을 드려 진심으로 사과의 말씀 올립니다.

지적하신 바와 같이 얼마 전 저희 가게의 직원이 고객님의 개인 정보를 인터넷에 올려 대단히 실례를 범했습니다.

이번 행위로 고객님께 불쾌감을 안겨드린 점에 대해 변명의 여지가 없습니다. 개인 정보 취급에 대한 연수와 사생활 주의 사항에 관련된 직원 교육을 전면 검토한 후 모든 가게에서 실시하도록 하겠습니다.

근소한 차이다.
그런데도 고객의 화를 누그러뜨리고
사과가 받아들여지는 데 더 효과적이다.

기회가 주어질 때마다 최선을 다해야 한다.
사소한 차이일지라도 거기서 점수를 따야 한다.

주고받는 메일이나 문서 하나하나에

신뢰가 쌓이기도 하고 무너지기도 하는 법이다.

소통이 아무리 활발해도

방어적인 문장으로는 상대의 마음을 파고 들어갈 수 없다.

한눈에 포인트 5

깔끔하고 직설적으로 쓴다.
'단정'과 '연속적인 주장'도 효과가 있다.

눈길을 끄는
첫 문장의 공통점

끌리는 문장의 주요 요소는 바로 '허풍 떨기'다.
의외라고 생각할 수 있을 것이다. 왜냐하면 허풍은
부정적인 이미지가 강하기 때문이다.
일본의 대표 사전 고지엔(広辞苑)에서는
허풍을 다음과 같이 정의한다.

> '실제로는 불가능해 보이는 것을 말하거나 계획한다. 호언장담한
> 다. 과장된 말을 한다.'[3]

한마디로, 이야기를 부풀리는 것에 가깝다.
문장술에서 허풍을 말하는 이유는 거짓말을 하자는 의미가

---

3   우리나라 표준국어대사전의 정의는 '실제보다 지나치게 과장하여 믿음성이 없는 말이나 행동'이다.

아니라, 상황에 따라 과장된 표현이나 호들갑스러운
수식어가 필요하기 때문이다.

다만 '보고서'를 쓸 때는 사실 전달이 목적이므로
허풍은 금지다.
"업계에 혁명을 일으킬 리더십의 진수를 배운 2시간이었다."
만약 연수 보고서 서두가 이렇다면 호들갑스럽게 느껴져
신뢰도가 떨어진다.
다음에 어떤 내용이 오든 설득력도 줄어든다.
그러나 말하고 싶은 바를 전하는 문장을 쓸 때는
'서두에서 허풍 떨기' 도구를 자신 있게 휘두를 수 있어야
한다.

예를 들어 지붕에 태양광 패널을 설치해
전력을 조금 끌어오는 신제품의 보도자료 서두로
어느 문장이 더 끌리는가?

　　1) "신재생 에너지를 활용한 '차세대 주택'이 완성됐다."
　　2) "태양광 패널로 전력을 일부 자급하는 집이 지어졌습니다."

1)은 기대감이 생겨 그다음을 읽게 만든다.

다 읽고 난 뒤 '별거 없네'라고 생각하더라도 읽어준 게 어딘가. 그런데 2)처럼 있는 그대로의 사실을 쓰면 아무도 읽지 않는다. '비록 미약할지라도 재생 에너지 보급에 공헌할 수 있다면 좋겠다'라는 겸손한 태도도 좋지 않다. 이도 저도 아닌 느낌이다.

거짓말은 안 되지만, 읽히고 전달되려면 '있는 그대로' 쓰는 것도 좋지 않다.

우리가 자주 읽는 뉴스 기사에도 사실 허풍이 있다. 경제 지면의 통계 기사가 대표적이다. 관공서의 발표나 신문사가 조사한 결과를 알리는 기사의 경우, 과거보다 수치가 증가했을 때 어떻게 작성될까?

두 배 증가했다면 "배로 증가했다고 판명"이라고 쓴다. 50퍼센트 증가는 "1.5배가 되었다", 10퍼센트 증가는 "10% 급증했다고 밝혀졌다"라고 쓴다. 여기까지는 무난하다. 그렇다면 증가율이 7퍼센트, 5퍼센트 혹은 더 높거나 낮을 때는 뭐라 쓸까. 이럴 땐 다음과 같은 표현을 사용한다.

- **역대 최고치** …… 증가율(퍼센트)이 아닌 수치 자체에 집중

- **역대 최고 수준** ······ 역대 최고치와 거의 동일한 경우
- **증가율이 두 배로** ······ 지난번 3퍼센트였던 수치가 이번에는 6퍼센트로 증가한 경우
- **포인트 상승** ······ 지난번에는 3퍼센트 증가했고 이번에는 5퍼센트 증가한 경우
- **서서히 증가** ······ 이번에는 미미한 수치에 그쳤지만 장기적으로 증가한다고 보는 경우

통계 결과에서 기삿거리를 건지지 못해도
위의 표현을 사용해 '새로운 사실이 드러났다'로
시작하는 보도문을 작성할 수 있다. 그러면 눈길이 간다.

고고학 기사 보도도 마찬가지다.

국내에서 가장 오래된 거울 발굴, 전문가는 야마타이국[4]과의 연관성까지 염두에 두고 있다.

위 문장에는 허풍이 들어 있다. 만약 있는 그대로 쓴다고

---

4   서기 2~3세기경에 존재한 일본의 고대 부족국가.

해보자.

> 국내에서 이미 발견된 거울과 연식이 비슷한 오래된 거울 발굴,
> 야마타이국과 연관성이 없다고 딱 잘라 말할 수 없다,

이처럼 김빠진 기사가 된다.
이렇다 보니 문체를 바꿔서라도 억지로 기대감을
끌어올리는 게 좋다.

교활한 수법이라고 생각하는가.
그러나 '어떻게 된 일일까?'라는
호기심이 들지 않는다면 문장은 애초에 읽히지 않는다.
무관심하던 사람도 읽게 만들기 위해 고심하는 자세가
쓰는 이의 기본이다. 허풍을 떨치는 건 어디까지나
읽히기 위한 수단이자 읽는 이를 위한 배려다.

한눈에 포인트 6

첫 문장에 허풍을 떨어 기대감을 주자.
거짓말은 당연히 안 된다.

과감한 허풍으로
머릿속을 뒤흔들자

효과적으로 이야기를 부풀리는 방법은 뭘까.

실제 사례를 같이 보자.

상상 이상으로 과감해서 분명 놀랄 것이다.

프로의 기술 — ⑤
세상에서 쓰이지 않는 말을 태연히 쓴다

옛날에는 진보적 문화인이라는 예언자가 맹위를 떨치
며 무슨 일이 일어날 때마다 발언하고 여론을 이끌었
다. 그런데 언제부턴가 그들이 입지를 잃고 사라지자
이를 대신해 퇴보적 문화인이 등장했다.

IT 혁명, 금융 빅뱅, 네트워크, 아이모드(I-MOD), 가상
공동체, 컴퓨터 사회, 바이오처럼 정체 모를 괴물이 진
보의 상징이 된 시대에서는 오히려 '진보적'에 반대 의

견을 내세우는 편이 문화적이다. 첨단 기술 속에서 살아가는 사람일수록 '더는 진보하지 않아도 된다'고 생각하게 되었다.

《'퇴보적 문화인'의 권유(「退歩的文化人」のススメ)》, 아라시야마 고자부로 저, 신코샤

책 제목에 쓰인 '퇴보적 문화인'은 세상에 없는 말이다.
그래서 '이는 내가 만든 단어'라는 부연 설명이
들어가는 게 일반적이다.
그러나 읽히는 문장의 접근법은 완전히 정반대다.
"이를 대신해 퇴보적 문화인이 등장했다",
"첨단 기술 속에서 살아가는 사람일수록 '더는 진보하지
않아도 된다'고 생각하게 되었다"라며
이미 그러한 세상이 된 것처럼 서술했다.

이 글을 읽으니 칼 마르크스의 《공산당 선언》에 나오는
유명한 글귀가 떠오른다.

하나의 유령이 유럽을 배회하고 있다. 공산주의라는 유령이.

매우 확신에 찬 문장이다. 글쓴이의 허풍에
독자는 '그런 거였어? 전혀 몰랐네!'라며 글 속으로
빨려 들어간다.

이야기를 과장할 때 글쓴이가 겁먹으면
읽는 이도 불안해진다.
지나치게 과감해도 태도만 당당하면 잘 받아들여진다.
호언장담으로 읽는 이의 인식을 뒤흔들고 그 틈을 파고들어
마음을 움켜잡아라.

프로의 기술 — ⑥
'나는 ○○다'라고 선언한다

나는 바캉스 공포증이 있는 여자로 (…) 워커홀릭이 의
심되는 성격 탓에 항상 노동의 강박관념에 사로잡혀
우아하고 태평한 여가를 보내질 못합니다.
마음 편한 시간은 고작해야 45분. 도내로 온천 여행을
가도 탕에서 금방 나오고, 문득 정신을 차리면 수면실
에서 일하고 있네요. 뒹굴뒹굴하는 사람들 옆에서 일에
몰두하는 우월감은 그 무엇도 대체할 수 없는 데다 바

캉스보다도 기분이 훨씬 좋아요.

《여자 수행(女修行)》, 신산 나메코 저, 고단샤분코

저자는 처음에 "바캉스 공포증"이라고 말했다.
과장 표현의 대표적인 기술 중 하나다.
"나는 ○○증이다", "△△의 신자다", "□□ 의존증이다",
"×× 마니아다"라고 선언하는 패턴이다.
그런데 그다음에 나오는 언행은 꽤 평범하다.
평범한 이야기에서도 흥미가 느껴지도록
바캉스 공포증이라고 과장했다. '○○증? 어떤 병이지?'
라는 궁금증을 유발해 끌어들이는 장치다.

서두를 다듬어
두근거림을 끌어낸다

이번에는 상점가에 새로 도입된 서비스를 소개하는
보도자료로 어떻게 허풍을 떠는지 살펴보자.
보도자료는 대개 신문사와 언론계 종사자들이 읽는다.
이들은 일반 독자보다 비틀어서 해석하고

진지한 시선으로 뉴스의 가치를 꿰뚫어 본다.
허풍을 불어넣는 정도에 신중한 조절이 필요하다.

✕ 두루뭉술한 문장

돈가라바시 상점가는 유모차와 함께 온 가족이 쇼핑을 즐길 수 있도록 최근에 상점과 길목을 정비했습니다. 이번 기회로 '유모차 입장이 가능한 상점 지도'와 '자녀 동반 시 적립 가능한 포인트 카드'를 발행하기로 결정되었음을 알려드립니다.
차후 상점가 이용자에게 공지하고 서비스가 정착되도록 아이와 함께 가기 좋은 돈가라바시 상점가를 홍보할 예정입니다.

상점가는 아이를 키우는 가족들을 대상으로 독자적인
서비스를 개시했다. 잘 읽어보면 꽤 획기적인 기획이다.
그런데 관공서 홍보문처럼 문체가 담담해서
그냥 묻힐 가능성이 크다. 성미 급한 언론 관계자에게
뉴스의 가치가 전해지지 않을 수도 있다.

기대감을 한층 더 끌어올리려면 어떤 문장을 써야 할까?
아래와 같이 수정해보았다.

> ⭕ **생동감 있는 문장**
>
> 돈가라바시 상점가는 육아의 장이 되었습니다.
> 돈가라바시 상점가는 최근 유모차와 함께 온 가족이
> 쇼핑을 즐길 수 있도록 상점과 길목을 정비했습니다.
> 이와 함께 '유모차가 입장이 가능한 상점 지도'와 '자
> 녀 동반 시 적립 가능한 포인트 카드' 도입이 결정되
> 었음을 알려드립니다.
> 차후 "아이를 키운다면 돈가라바시 상점가"라는 구호
> 로 홍보할 예정입니다.

첫 번째 줄에서 허풍이 나왔다.
다만 너무 들뜨고 과장된 분위기면
광고 문구처럼 보일까 봐 표현을 약간 자제했다.

서두에서 '한마디로 이런 내용이다'가 명확히 드러나지
않으면 무슨 내용인지 알 수 없다.

서두 문장을 변형해 두근거림을 자아내고
읽는 이를 끌어들이는 것도 글쓴이의 배려다.

한눈에 포인트 **7**

**당당하고 과감하게 과장해,
읽는 이의 인식을 뒤흔든 뒤 내 쪽으로 끌어들인다.**

문장의 인상이 전혀 달라지는 '이것'

애당초 읽는 이와 글쓴이 사이에는 심리적인 거리감이
존재한다. 양쪽이 모두 알 만한 날씨나 취미에 관한 소재를
쓰지 않더라도 이 거리를 좁히는 방법이 있다.
문장에 적절한 '인칭'을 찾아내는 것이다.

인칭이란 '나', '너', '그', '우리' 등 인간을 가리키는
호칭이다.
인칭은 다음과 같이 세 가지로 분류된다.

- **1인칭** ······ 나, 나 자신이 포함된 무리를 나타내는 표현. 나,
  저, 우리 등.
- **2인칭** ······ 말하는 상대를 가리키는 표현. 당신, 너, 너희들
  등.
- **3인칭** ······ 나와 상대 이외의 제 3자를 가리키는 표현. 그, 그

사람, (그 자리에 없는) ○○ 씨 등.

인칭의 쓰임에 따라 문장의 첫인상은 어느 정도 정해진다.

예를 들어 외부에 공개되는 회사 문서에서 자사를 표현하는

말에는 '폐사(弊社)', '당사(当社)'가 있다.

그렇다면 회사의 존재를 알리기 위한 블로그에는

어떤 1인칭을 쓸까.

벤처 기업이 자사의 젊고 수평적인 사내 문화를 홍보할 때는

격식 차린 '폐사'보다는 '우리', '저희'라는 표현이 적당하다.

핵심은 읽는 이의 기대감이다.

한 학생이 편하고 자유롭게 일하는 회사인 줄 알고

당신이 다니는 회사의 채용 공고를 보려고 한다.

회사 개요를 클릭했더니 사장이 회사의 발자취와 비전을

설명하고 있다.

　　폐사는 인터넷 광고의 여명기 때부터 선구적인 활동을 …

아, 느낌이 싸하다.

이처럼 1인칭의 종류에 따라 문장의 분위기가 달라진다.

기대했던 분위기와 다르면 읽는 이는 심리적 벽을 감지하고

결국 읽지 않는다. 인칭으로 문장의 생사가 갈리기도 한다.

이미 알고 있는 주어는 생략한다

"나는 기획 회의를 좋아합니다."
간간이 보이는 평범한 서두다. 얼마나 끌리는 문장인지
평가하라면 마이너스 점수다.
없어도 될 1인칭 '나는'이 있어서다.
"기획 회의를 좋아합니다."
이렇게만 써도 의미는 충분히 통한다.

회의를 매우 좋아하는 주체는 여기서 오직 글쓴이뿐이다.
따라서 1인칭이 없어도 된다.
'쓰지 않아도 안다면 쓰지 않는다'가 잘 읽히는 문장의
철칙이다. 까다로운 문법 이론은 차치하고,
우리말은 대체로 주어가 없어도 문장이 성립된다.
그래서 주어를 넣으면 자기주장이 다소 강해진다.

문장에 '나는'이 들어가면 '아, 당신은 회의가 좋단 말이지?'
라는 감정을 느끼게 할 수도 있다.

즉 1인칭은 글쓴이와 읽는 이 사이의 거리감을 의식하게
만든다. '당신은 그런 생각을 하는군'이라는
명백한 의식은 문장이 읽힐 때 부정적으로 작용한다.
보통의 경우 독자는 비꼬기보다 무난하게 읽고 넘기지만
그래도 가능한 한 위험 요소는 제거해두자.

일단 주어를 빼자. 주어가 없어서 의미 전달이 불가능하거나
오해의 여지가 발생하는 게 아니라면 주어가 없어야
문장이 정돈된다.

2인칭과 3인칭의 거리감은 다르다

여기까지 왔다면 당신의 문장 센스는 제법 좋아졌을 것이다.

어떤가. 첫머리에 '거리감을 좁히는 2인칭'을 사용해보았다.
이 책 앞에서도 몇 번 썼다.
2인칭과 3인칭의 차이점을 아래의 설명으로 이해해보자.

2인칭은 거리를 좁힌다. 3인칭은 거리를 둔다.

편지 형식과 3인칭 시점으로 서술된 소설의 차이점을
떠올리면 이해가 수월해진다.

편지에는 일상에서 주고받는 대화가 반영된
'당신', '그대는', 'ㅇㅇ야' 등의 2인칭을 사용한다.
그러면 문장에 친밀한 분위기가 감돈다.
자신을 가리키는 1인칭을 이름으로 바꾸면 분위기가
건조해진다.

> 1) "문제가 발생한 경우 오쿠노 노부유키에게 연락 바랍니다."
>
> 2) "문제가 발생한 경우 저한테 연락주세요."

예를 들어 오쿠노 씨가 1)처럼 메일을 쓰면
사무적이기도 하고 차가운 말투다.
2)가 더 친절해 보인다. 소설도 1인칭 시점보다
3인칭 시점의 서술이 더 딱딱해 보인다.
그래서 사회파 소설이나 스파이 소설 중에는
3인칭 서술이 많다.

온라인 쇼핑의 문장에는 2인칭이 적극적으로 사용된다.

당신은 자신 있게 크롭티를 입을 수 있나요? 다가오는 계절에 뱃살이 신경 쓰이시죠. 여기서 반가운 소식 알려드려요. 사실 몸매를 쉽게 보정하는 방법이 있답니다.

노골적으로 홍보성에, 자칫 공격적으로 느낄 수 있는
문장이다.
그런데 2인칭으로 말을 걸어서일까, 사근사근한 느낌이
순식간에 늘었다.

심리적 거리가 가까울수록 좋다고 단정할 수는 없다.
더 다가서고 싶은 여지가 남아있을 때
신뢰를 얻고 거래가 유리하게 흘러간다.
그럼에도 인칭을 구분해서 사용하는 방법을 알아두면,
내가 원하는 만큼 간격을 조절할 수 있다.

한눈에 포인트 8

**문장의 분위기는 인칭에 따라 크게 달라진다.
심리적 거리를 좁히려면 2인칭을 사용하자.**

내 이야기처럼
와닿게 쓰는 법

'당신', '그대'와 같은 2인칭 호칭 외에도
읽는 이와의 심리적 거리를 좁히는 방법이 있다.
1인칭 없이 "○○를 좋아한다"라고만 써도 '나도 그래'라는
생각이 들어 둘 사이의 거리가 확 가까워진다.

프로의 기술 — ⑦
주어 없이 '○○를 좋아한다'

강아지를 좋아한다.

지금 내가 사는 맨션에서는 강아지를 키우지 못한다.
그 대신 본가에서 시바견 한 마리(수컷, 3세)를 키우고
있어서 틈날 때마다 서둘러 만나러 간다.

《천 엔의 사치(千円贅沢)》, 나카노 미도리 저, 고단샤

"나는 강아지를 좋아한다"보다 마음에 혹 들어온다.

'○○를 좋아한다'는 여기저기 사용하기 편한 형태다.

사보나 메일 매거진의 칼럼에 뭘 써야 할지 고민될 때

"○○를 좋아한다"라고 한 줄 써놓으면 순식간에 글이

완성된다.

뭐든 상관없다. "칼로 연필 깎는 걸 좋아한다",

"다른 사람의 책상을 보는 걸 좋아한다",

"사내 식당의 질퍽한 볶음밥을 굉장히 좋아한다"도 괜찮다.

우리가 문장을 쓰는 목적은 무언가를 전하거나 주장하기

위함이다.

다만 주장이 너무 세면 심리적 반발이 일어날 수 있으니

주의를 기울여야 한다. 조금이라도 강요한다고 느껴지면

전달은 불가능해진다.

'나 지금 주장하고 있다'가 느껴지지 않도록 자연스럽게

주장하는 방법은 뭘까.

적절한 인칭 사용이 하나의 열쇠가 된다.

프로의 기술 — ⑧

집요하게 계속 말을 건다

텔레비전에 나오는 인기 가수는 다들 사랑 노래를 부른다. 라일락꽃 피는 나무 그늘, 안개 낀 항구의 가로등 아래서 젊은 남성과 젊은 여성이 만나면 연애를 한다. 헤어질 때는 애처롭게 눈물을 흘리거나 울다 웃겠지만 역시 연애는 매우 아름다운 것이다. 노래를 부르는 가수마저 아름다우니까.

여기의 당신도, 저기의 그대도, 연애가 최고로 아름답다고 생각하겠지. 연애 좀 해봐도 괜찮다고 생각할 테지, 분명. 그런데 당신도 그대도 이상하다고 생각하지 않는가. 연애는 아름다운데 연애와 관련된 성(性)에 대해 알려고 하면 부모님이나 선생님이나 더러운 것을 만지지 말라는 얼굴을 하고 있으니 말이다. 매번 어떻게든 얼렁뚱땅 넘어가려고 하는 게 아닐까.

《연애 따위 그만둬(恋愛なんかやめておけ)》, 마츠다 미치오 저, 아사히분코

젊은 독자를 대상으로 쓴 유명한 연애론의 서두다.
내가 알고 있는 문장들 가운데서도 몰입도가 단연 돋보인다.

여기 당신도 저기 그대도 뒤에 나올 이야기가 궁금하겠지.
……한 번 따라 해보았다. 이제 프로의 기술을 살펴보자.

첫째, 2인칭을 능수능란하게 사용하였다.
'당신도 그대도'는 일상에 없는 말투다. 이 의외성 덕분에
재미있는 이야기가 나올 것 같은 분위기가 조성된다.
둘째, 독특한 말 걸기다.
'…겠지', '…할 테지, 분명', '생각하지 않는가' 등
짓궂은 장난을 알려주는 사촌오빠처럼 집요하게 계속 말을
걸어 쉴 틈을 주지 않는다. 2인칭으로 거리를 좁힌 뒤
말 걸기를 통해 문장의 주제를 강렬하게 인식시키는,
굉장히 잘 짜인 문장이다.

응용 편:
사람들을 모으는 이벤트 공지문

마지막으로, 대중을 상대로 한 이벤트 공지문을 수정해보자.
시, 읍, 면 등 지방자치단체는 이벤트, 평생 학습 강좌,
기업의 강연이나 세미나같이 다양한 행사를 주최한다.
그러나 주최측은 재미있다고 확신하는 이벤트라도

많은 사람들은 '이런 게 있구나. 근데 나랑은 상관없네' 하고 그냥 지나친다.

'우리의 문제', '우리의 일'이라는 인식을 심어주려면
심리적 거리를 좁혀 매력을 발산해야 한다.

거리는 어떻게 좁히면 될까.

> **✕ 두루뭉술한 문장**
>
> 쵸로쿠 전철은 세계 유산 등재를 추진 중인 도론코야마[5] 유적을 향한 깊은 이해와 관심을 받아들여, 사적 보호 및 역사 문화 자원을 활용한 관광 개발, 노선 주변 지역의 매력을 높이기 위한 계획을 진행하고 있습니다.
>
> 도론코야마 유적의 홍보 활동 일환으로 최근에 야마네코 마을과 공동으로 '연속 강좌 : 야마네코 마을의 역사 유산을 배우다'를 개강하였습니다.
>
> 발굴 조사 결과 외에도 고지도 및 고문서에 관한 최신 연구를 발판 삼아 우리 마을의 과거 모습을 다시 기억하는 귀중한 향토사 강좌입니다.[6]

5   진흙으로 쌓은 언덕.
6   허구의 이야기다. 세계 유산 등재 추진은 물론 지명도 전철도 실제로는 없다.

심리적 장벽이 느껴진다.

문체도 딱딱해 일반 독자가 읽기 불편하다.

역사 마니아만 강좌에 오지 않을까 싶다.

거리를 좁히는 기술로 수정하면 다음과 같은 문장이 된다.

> ### ⭕ 생동감 있는 문장
>
> 쵸로쿠 전철은 도론코야마 유적의 세계 유산 등재를 위해 야마네코 마을과 공동으로 홍보 활동을 하고 있습니다.
>
> 시민 여러분이 야마네코 마을의 향토사를 깊이 이해하실 수 있도록 도론코야마 유적이 가진 관광 자원의 매력을 알아가는 연속 강좌를 최근에 기획하였습니다.
>
> 당신이 사는 집 주변의 땅이 과거에 어땠는지 알고 계시나요?
>
> 내 가까이에 놀랄 만한 역사가 잠들어 있답니다.
>
> 이번에는 발굴 조사 결과, 고지도 및 고문서 연구 그리고 고향의 예전 모습까지 알아보는 흥미로운 강좌를 준비했습니다.

사람들을 모으려면 2인칭을 넣거나 호응을 이끌어내
나와 관련된 이야기처럼 연출해야 한다.
심리적 거리감을 의식하고 간격을 조절하면
내용은 똑같아도 전혀 다른 인상을 심어줄 수 있다.

한눈에 포인트 9

2인칭으로 말을 걸어 내 이야기처럼 받아들이게 한다.

대다수의 사람은
읽는 데 장애가 있다

대다수 독자는 읽는 행위에 크고 작은 장애를 안고 있다.
다음 글을 읽어보면 무슨 말인지 이해가 된다.

알다시피 일본은 고령자로 넘쳐난다. 총무성의 인구 추계 조사
(2021년 11월 발표)에 따르면 이미 총인구의 29퍼센트가 65세
이상이다. 얼마 전까지만 해도 25퍼센트(네 명 중 한 명)이었으니
고령화가 급격히 진행되고 있다. 65세 이상은 노안 때문에 글자
를 읽으면 피로해지고, 앉아 있기도 불편해서 읽기가 힘들다.[7]

그렇다면 나머지 약 70퍼센트에 해당하는, 고령자가 아닌
사람은 어떨까.

---

7   2023년 3월 기준 한국에서 65세 이상 노인인구 수는 총인구 수 대비 18.19퍼센트이다.

사십 대 후반에 대체로 노안 증상이 나타난다고 한다.
따라서 이 연령대도 글을 읽을 때 경미한 장애를 안고 있다.
사십 대인 나는 근시가 심해 안경이 없으면 책을 읽지
못한다. 게다가 해가 갈수록 눈이 빨리 피로해진다.
시력이 1.5인 사람이라도 수면 시간이 부족하거나,
감기로 두통에 시달리거나, 꽃가루 알레르기가 있거나,
안구 건조증이 있다면 어떨까.
역시 고역일 것이다. 일상생활에 지장 없는 건강한 사람도
매일 몸 상태가 좋다고 장담할 수 없다.
나이가 어려 눈 상태는 양호해도
모르는 한자나 어려운 표현이 많으면……

이런 식으로 생각하다 보면
'대다수 독자는 읽는 행위에 조금씩의 장애를 안고 있다'는
말이 아주 없는 이야기는 아니다.

그렇기에 '부담이 적은 문장'을 만들어야 한다.
본인이 작성한 기획안이나 이력서가
아무런 장애도 없는 사람이 최상의 컨디션으로 읽으리란
보장은 없다고 생각하는 편이 좋다.

레이아웃이나 글자 크기 같은 디자인 요소도 영향을 주지만 결국 읽는 이가 느끼는 부담은 문장을 쓴 시점에 어느 정도 결정된다. 그러므로 문장의 난이도는 그 취지가 훼손되지 않는 선까지 최대한 낮춰야 한다.

최대한 낮춘 선이 어디까지일까? 부담은 얼마나 걷어내야 할까?

초등학생도 이해하는
문장을 목표로 한다

눈 딱 감고 '초등학생도 이해하는' 수준을 목표로 잡자.
이렇게까지 해야 하냐고 질문이 돌아올지도 모르겠다.
그러면 이렇게 대답하겠다.
낮춰야 한다. 최대한 낮춰야 한다.
쉬운 문장은 그리 간단히 나오지 않는다.

사람들은 외우기 어려운 단어, 전문 용어, 업계 용어,
취미를 공유하는 사람들만 알아듣는 암호를 사용하려는
골치 아픈 습관이 있다.
예를 들어 일본 출판 업계에서는 출판사를 '한모토(版元,

はんもと)[8]라고 하며, 도서관 근무자들은 책장을
'쇼카(書架, しょか)[9]', '반납된 책을 책장에 꽂다'는
'하이카(配架, はいか)[10]'라고 한다. '책장을 훑어보다'는
'브라우징(browsing)'이라고 한다.

회사에는 에비던스(evidence, 근거), 프라이오리티(priority,
우선순위), 펜딩(pending, 보류) 등
외국 용어를 남발하는 사람이 있다.
"이 일은 프라이오리티가 낮아서 에비던스가 모이기 전까지
펜딩 해주세요"와 같은 마법 주문을 외운다.
이런 문장을 국어라고 할 수 없다.
눈에 닿기만 해도 뇌가 손상을 입는다.

좋은 문장을 쓰려면 이런 말투에 물들면 절대 안 된다.
어떤 단어를 쓸지 말지 고민될 때는
'과연 초등학생도 알아들을까?'라는 기준으로 판단하자.

---

8 우리나라에서는 '발행소'라는 의미.
9 우리나라에서는 '서가'라는 의미.
10 우리나라에서는 '배열'이라는 의미.

이러한 의식이 있다면 문장을 쓸데없이 복잡하게 만드는
이상한 말들이 이 세상에 얼마나 범람하는지 깨닫게 된다.

'취약성'이라는 말을 쓰려고 할 때 잠시 멈추고
'무르다', '약점'으로 바꿔본다.
'수호 의무가 있다'는 말을 쓰고 싶으면
'비밀을 지켜야 한다'로 바꾼다.
쉬운 말을 쓰겠다는 의식만으로도 문장의 부담을 차근차근
덜어낼 수 있다.

'초등학생도 이해하는 문장'의 감각은
아동 도서로도 익힐 수 있다.
꼭 동화책이나 아동문학을 읽으란 소리는 아니다.
아동 코너에 가서 《초등학생을 위한 경제 구조》,
《돈은 무엇일까》, 《재판소가 뭐야?》 같은 어린이 교양
분야의 책에 관심을 가져보자.
초등학생이 이해하는 문장도 접할 수 있고,
혹여나 관심 분야라면 지식의 구멍도 메울 수 있다.
일석이조다.

문장이 이해하기 쉬워서 방해되는 경우는 없다.

세심한 배려가 들어간 문장은 굉장히 쉽게 읽혀
오히려 감탄이 나온다.
이해하기 쉬운 데다 불필요한 말이 없는 아동 도서는
잘 읽히는 문장의 이상적인 모델이다.

한눈에 포인트 10

**읽는 이의 장애를 배려해 문장의 부담을 덜어낸다.
초등학생도 알기 쉬운 문장을 목표로 한다.**

읽기 편한 자소서
= 머리가 좋다는 증거

자, 드디어 1장의 마지막 법칙이다. 프로의 기술 소개가
끝나면 응용 문제인 '이해하기 쉬운 자기소개서'로
마무리하겠다.

초등학생 수준으로 형용사를 끼워 넣는다

10년 전 즈음이었나. 요새는 주로 지적인 역할을 연기
하는 배우가 "노다 씨, 저 이번에 컴퓨터 샀어요"라며
들떠서 이야기했다. 한달음에 그의 집에 갔더니 책상
같은 건 한 번도 둔 적 없던 방에 책상이 있었고 컴퓨
터는 '내가 해냈다!'는 느낌으로 눈부시게 빛났다. 아주
옛날 일본 가정집의 텔레비전이나 스테레오처럼 찬연
히 빛나던 전자 제품을 떠올리게 하는 반짝임. 그 시절

텔레비전이나 스테레오를 틀지 않을 때, 자수 놓은 직물 같은 걸 그 위에 얹어놓았다. 어지간히 비싼 항아리를 다루는 느낌인 것이다.

〈아에라(アエラ)〉 2010년 6월 14일호, 노다 히데키 기고, 아사히신문출판

에세이의 서두다. "10년 전 즈음", 아주 평범하게
시작했지만 그 순간부터 전개 속도가 빨라지더니
훅 빨려 들어간다.
"컴퓨터는 '내가 해냈다!'는 느낌으로 눈부시게 빛났다"에서
재미있는 기술이 나왔다.
보통은 '컴퓨터가 빛나고 있다', '반짝반짝 빛나 보였다'라고
쓸 텐데 "내가 해냈다!"라고 표현해 굉장히 친밀한 분위기를
자아냈다.
초등학생이 쓴 것 같은 형용사 덕에 문장의 난이도가 확
낮아졌다.
기뻐서 어쩔 줄 모르는 배우의 순수함도 느껴진다.

'○○ 같은', '△△같이', '××처럼'을 쓰게 되면 틀에 박힌
표현이 나오거나
반대로 틀에 박힌 표현을 피하려고 어려운 말을 고르게 되는

두 가지 기로에 놓인다.

어렵게 생각할 필요 없다. 직감적인 말을 그대로 썼을 때 그 글과 어울리는 경우가 있다.

딱 들어맞는 표현이 떠오르지 않는다.

좋은 표현이 도무지 생각나지 않는다.

이럴 땐 초등학생의 마음으로 단순하고 솔직하게 써보자.

프로의 기술 — ⑩
단순하고 진부한 '교과서' 같은 표현을 사용하자

슬슬 그, 갈색에 단단하고 데굴데굴 굴러다니는 것이 등장하는 계절이다. 아니, 바◯벌레는 아니다. 달달하고 맛있는, 그래, 초콜릿!

최근 몇 년 동안 밸런타인데이에 여성한테 초콜릿을 많이 받았다. 고백과 함께는 아니었고, 대신 "이거 맛있으니까 먹어봐!"라는 환희의 외침이 따라왔다.

《친구로서 부탁합니다(お友だちからお願いします)》, 미우라 시온 저, 다이와분코

2월이라 밸런타인데이 에피소드로 시작했다.

'슬슬 ○○의 계절이다'의 형식을 취하고 있다.

더 없는 진부함이다.

'문학적으로 정교하게 쓰면 읽기 버겁다. 평범해도 된다.'

글쓴이는 분명 이렇게 판단했으리라 본다.

많은 사람이 진부한 건 피해야 한다고

무의식중에 강박적인 의식을 가지지만,

그런데도 진부함에서 훨씬 안정감을 느낀다.

글쓴이 입장에서는 읽는 이를 위해서라도

굳이 머리를 쥐어짜지 않고

진부함으로 안정감을 주는 데 주력했다.

이것도 배려의 한 형태다.

응용 편:
똑똑해 보이는 간단명료한 자기소개서

채용 담당자는 과장된 입사 동기, 현란하게 꾸민

자기소개서를 읽다 진절머리가 난 상태다.

이럴 때 만약 가독성 좋고 시원스레 읽히는 자기소개를

발견한다면 어떤 생각이 들까.

머리가 똑똑한 입사 지원자라고 생각해 이름을 기억해두지 않을까 싶다. 아마 서류 전형은 가볍게 합격할 테다.
'이 사람 괜찮네'라는 생각이 들도록
간단명료한 문장 쓰기 기술로 경력직 자기소개서를 써보자.

우선 이 기술이 적용되지 않은 자기소개서부터 보자.

> ✗ **두루뭉술한 문장**
>
> 2년 4개월 동안 회사원으로 일하면서 일의 진정성과
> 즐거움을 알게 되었습니다. 접객·판매 업무도 굉장히
> 보람찼지만, 이제는 현장을 지원하는 서비스업 지원
> 부문이 저의 천직입니다.
> 접객·판매 업무에서 경험을 쌓은 덕에 다음으로 나아
> 갈 길을 찾을 수 있었습니다. '명랑함', '적극성'을 늘
> 마음에 새기며 새로운 업무에 필요한 지식과 기술은
> 자기 계발과 함께 현장에서 일하며 익히도록 노력하
> 고 단기간 내에 회사의 전력이 되도록 노력하겠습니
> 다.

이런 문체가 자기소개서의 정석이라고 생각한다면
어쩔 수 없지만 나라면 좀 더 부드럽게 쓸 수 있다고
알려주고 싶다.

읽기에 부담스럽지 않고 부드러운 문장을 쓴다는 건
머리가 좋다는 증거다.

대량의 서류를 모두 확인해야 하는 채용 담당자를 위한
배려이기도 하다. 필시 좋은 인상을 남길 수 있다.

기술을 적용하면 다음과 같이 된다.

◯ 생동감 있는 문장

전 직장에서 2년 4개월 동안 일하며 일의 즐거움과
진정성을 깨달았습니다.

접객, 판매 등 다양한 업무를 접하며 '지원 업무야말
로 나의 능력을 펼칠 수 있는 분야'라는 생각이 들었
습니다. 서비스업 지원 부문에서 현장을 지원하는 일.
이것이야말로 저의 천직입니다.

고객과 소통하며 배운 점들을 이 일에 살리겠습니다.
다음 직장에서도 밝은 기운으로 사람들과 차츰차츰
좋은 관계를 쌓고자 노력하겠습니다.

필요한 지식과 기술을 현장에서 최대한 빨리 습득해 '바로 투입 가능한 전력'으로 평가받는 사원이 되는 것이 목표입니다.

읽기 편한 데다 취업 준비생의 특징인 '형식적인 말만 늘어놓은 느낌'도 옅어졌다.
이력서를 읽게 될 담당자가 실제로 어떤 사람인지 모르기 때문에 이 정도면 무조건 서류 통과라고 확언은 못 한다. 그래도 열 군데 중 여섯 군데 정도에서는 '읽기 편한 문장을 쓴다 = 능력 있다'는 평가를 받을 수 있다.

쉽게 쓰는 힘이 있으면 인생의 중대한 국면에서 조금이라도 우위를 점할 수 있다.

한눈에 포인트 11
친숙함, 안정감은 읽기 쉬운 문장과 직결된다.

2장

이어가다

멈추지 못하고
'계속' 읽게 하는 법칙

글에도 안내 방송이
필요하다

읽는 이를 확 '사로잡았다'면 이번 단계는 쭉 '이어갈'
차례다.
문장을 읽기 시작한 사람이 마음 편하게 페이지를 넘기도록
세심한 배려가 필요하다. 문장의 흐름이 흔들리거나
불안해지면 모처럼 글을 읽어준 고객은 자리를 뜨고 말
것이다. 이상적인 방법은 페달을 밟지 않아도 앞으로 가는
자전거처럼 편안하게 글자를 쫓도록 구성하는 것이다.

긴 문장이 읽히려면 내비게이션 역할을 하는 정보가
필요하다. 자동차를 운전할 때도 등산을 할 때도
지도가 없으면 길을 헤맨다.
'최종 목적지는 어디일까?'
'지금 위치는 어디지?'
'어디를 통과해야 하는 거지?'

정보가 없으면 이렇게 불안해지고 평정심을 잃는다.
목적지에 도착하기 전까지 하차할 수 없는 비행기에서조차
"이 비행기는 현재 러시아 상공을 통과하고 있습니다"라고
내비게이션 패널에서 알려준다. 마찬가지로 문장에도
위치 정보가 없으면 차분하게 글을 읽을 수 없다.

서두에 '최종 목적지'를,
중간에 '통과 지점'을 알린다

기획안 서두에는 대체로 취지, 의도, 목표를 요약해놓는다.
만약 비즈니스 매거진의 연재 기획안이라면 아래와 같은
식이다.

> **취지**: 저명한 인물의 젊은 시절을 들어보는 인터뷰. 경력 포트폴
> 리오로 고민하는 20대 후반부터 30대 초반에게 유용한 기사를
> 기획한다.

'이 기획으로 무엇을 하고 싶은가', '단적으로 무엇을
제안하고 싶은가'.
목적지를 정했다면 이제 구체적인 기획이 읽히도록

고민해봐야 하는 단계다.

만약 서두에 내비게이션이 없으면 기획 내용이
구체적이더라도 '그래서 결국 뭘 하고 싶다는 거지?',
'상사한테 어떻게 설명하지?' 하는 의문과 불안감이
머릿속을 맴돌아 기획안을 읽는 데 방해가 된다. 읽는 이의
의식이 문서에서 멀어지는 상황은 피해야 한다.

예컨대 두세 장 정도로는 정리되지 않는 두꺼운 리포트나
논문이 있다. 서두에서 "북아메리카의 사례를 통해 연어
시장을 전망하고 싶다"고 최종 목적지를 안내해도 뭔가
부족하다. 글이 어느 정도 전개됐을 때 앞으로 통과할
지점을 표시해두면 계속 안정적으로 읽을 수 있다.

철도에서 "이 전차는 ○○ 행입니다. 다음 정차역은
△△입니다"라는 안내 방송이 나온다.
신오사카에서 도쿄로 가는 신칸센에서 "다음 역은
신요코하마입니다"라는 방송이 나오면 '거의 다 왔네' 하고
내릴 준비를 한다.
비록 당장 내릴 역이 아니더라도
안내 방송이 있어야 안심이 된다.

문장의 최종 목적지만 표시하면 읽는 도중에
'지금 어디쯤이지?'라는 불안감에 휩싸인다.
책이라면 나머지 페이지를 세어볼 수 있지만,
서류는 직관적으로 파악하기도 어렵다.

이럴 땐 통과 지점 문장을 넣는다.

　　이제부터 북아메리카의 사례 중 초밥 수요만 간추려 분석할 예정
　　이다.

그러면 '최종 목적지인 연어 시장을 분석하기 위해 이번에는
초밥의 사례를 제시하는 거군' 하고 수긍이 된다.

통과 지점을 안내하는 문장이 있고 없음의 차이를
시각적으로 비교해보자.
★은 '최종 목적지 안내', ☆는 '통과 지점 안내'를 나타낸다.

'이 문장은 이제 어디로 가고, 최종 목적지는 어디일까.'
안심하고 계속 읽게 하려면 군데군데 내비게이션을
표시해야 한다.

긴 글의 서두에 최종 목적지를,
중간에 통과 지점을 표시한다.
'이제부터'라고 안내하면
읽는 이에게 안정감을 준다.

첫 질문에 답하면
그다음은 계속 읽힌다

기획안 서두에 기획 의도를 넣고 최종 목표를 몇 줄 쓰면
최종 목적지 안내는 간단하게 완성된다.
티 나지 않게 최종 목적지를 표시하는 방법이 있을까?
다음 예시를 통해 프로에게 한 수 배워보자.

프로의 기술 — ⑪
시작부터 의문문에 대답해 '이제부터'를 나타낸다

괜찮은 일본, 어떤 나라를 말하는 걸까요.
그건 바로 대량 생산, 대량 소비, 대량 이동이라는 근대
의 특징을 초월할 수 있는 지속가능한 나라입니다.
세계적인 인구 증가, 화석 연료와 수자원 고갈, 대규모
환경 파괴, 신흥 선진국의 불투명한 군비 확장의 정세
속에서 살아남을 수 있는 나라입니다.

즉 환경을 파괴하지 않고 안전보장을 확보해 국내에서
자급자족 체제를 지향하며 성숙한 사회로 재편성하려
는 나라가 바로 괜찮은 일본입니다.

《괜찮은 일본(大丈夫な日本)》, 후쿠다 가즈야 저, 분순신쇼

전문가가 시사적인 주제를 다룬 입문서 중 저자 후기를
인용했다. 전문서라고 하면 무뚝뚝한 논술 문장만
떠오르겠지만 사실 그렇지도 않다.
학자나 전문가가 일반인 대상으로 쓴 입문서는
'교과서'로 삼을 수 있다.
소설가의 에세이처럼 잘 빚어놓은 표현이나 독특한 문장이
적어 비즈니스 문서를 작성할 때 유용하다.
전문 용어나 배경 설명이 나오지 않는 '머리말'이나
'저자 후기'를 읽어보길 권한다.

특히 첫 문장을 눈여겨봐야 한다.
"괜찮은 일본, 어떤 나라를 말하는 걸까요."
저자 후기의 포문을 '이제부터 괜찮은 일본을
요약정리하겠습니다'라는 안내로 여는 것이다.
읽는 입장에서는 다음에 나올 내용이 명확해져 안심된다.

서두에 질문을 던지고 자문자답하는 이런 형식은
흔한 형태라서 무의식적으로 쓰는 사람도 많다.
읽는 이에게 '이제부터 갈 길'을 보여주고 안심시키려는
목적의식을 가지면 기술은 더욱 정교해진다.

프로의 기술 — ⑫
서두에서 대략적인 약도를 보여준다

이 책은 이른바 레트로 신드롬이라 불리는 최근 몇 년
간의 풍조를 시작으로 우리 사회와 문화의 내일을 전
망하려고 합니다.
1장에서는 이 트렌드를 상징하는 인기 영화 〈ALWAYS
산쵸메의 석양〉과 근대 테마파크, 명곡 커버, 명작 리메
이크, 레트로 상품 등을 소개하고 미디어가 이 현상을
어떻게 비평했는지 개관합니다.

《쇼와30년대주의(昭和三十年代主義)》, 아사바 미치아키 저, 겐토샤

단행본의 서두 중 일부다.
인용문 다음에는 "2장에서는 ~을 묻습니다"가 나온다.
동일한 방식으로 마지막 장까지 소개하면서 책의 약도를

보여준다.

전개 방식이 따분하고 지루할 수는 있으나 독자 입장에서는 친절하게 느껴진다. 뒤에 어떤 내용이 나올지 신경 쓰면서 읽는 것보다 훨씬 낫다.

이와 유사한 기술이 있다.

"결론을 빨리 알고 싶은 사람은 ○장부터 읽어라", "이번 장은 넘어가도 된다"라고 쓰는 것이다.

실제로 독자가 어떤 방식으로 읽을지 고민할 필요는 없다.

글쓴이가 독자를 의식하고 있음을 드러내는 것이 포인트다.

이 말에 내포된 의미는 '나는 글을 읽고 있는 당신의 사정을 충분히 고려하고 있습니다'이다.

따라서 독자는 안심하고 글을 계속 읽어나갈 수 있다.

응용 편:
무심코 빨려 들어가는 연수 보고서

연수 보고서는 잘 읽히지 않는 대표적인 문장이다.

"연수 잘 듣고 왔습니다" 하고 간단히 끝낼 수는 없지만 회의실에서 들은 이야기만으로 색다른 체험 후기를 쓰기란 쉽지 않다.

보고서를 전달받는 상사도 뭐든 좋으니 아무거나 쓰라고
지시할 수 없다.
무엇을 배웠는지 점검한 뒤 보고를 올려야 한다.

연수 보고서로 좋은 평가를 받으려면 뭐가 필요할까?
그건 바로 '저절로 읽히는 문장'이다.

극히 평범한 연수 보고서는 다음과 같다.

> ✗ **두루뭉술한 문장**
>
> 이번 연수를 마친 후 가장 기억에 남는 건 '부하 직원
> 의 입장에서 바라보기'입니다. 저는 지금까지 부하 직
> 원을 선도하고 이끄는 게 리더십이라고 생각했으나
> 큰 착각이란 걸 깨달았습니다. 진정한 리더십은 부하
> 직원의 능력을 끌어내고 활기차게 일할 수 있도록 도
> 와주는 것이었습니다. 즉 앞에서 이끌어주는 것이 아
> 니라 뒤에서 지지하는 역할이었던 것입니다.

문장 자체로는 훌륭하나 읽기 좀 귀찮다.

주제가 명확하지 않다. '프로의 기술 ⑪'(81페이지)에서

배운 대로 서두에 의문문을 넣으면 다음과 같아진다.

⬤ **생동감 있는 문장**

리더십이란 무엇을 위한 걸까요.

이번 연수에서 가장 기억에 남은 건 '부하 직원의 입
장에서 바라보기'입니다. 저는 지금까지 부하 직원을
선도하고 이끄는 게 리더십이라고 생각했으나 큰 착
각이었습니다. 진정한 리더십은 부하 직원의 능력을
이끌어내고 활기차게 일할 수 있도록 도와주는 것이
었습니다. 앞에서 이끌어주는 것이 아니라 뒤에서 지
지하는 역할이었던 것입니다.

의문문으로 주제가 명확해지자

문장이 지향하는 바도 분명해졌다.

'어떤 대답이 나올까?'란 궁금증을 유발하며

읽는 이를 끌어들일 수 있다.

그다음 "리더십이란 ○○을 위해 존재합니다"라고

한 문장으로 요약하면 깔끔하게 정리된 느낌도
연출할 수 있다.
간단하지만 효과가 큰 기술이다.

의문문이 들어간 문장은 읽는 이한테만 득이 되는 걸까?
스스로 바로 답이 나오지 않는 의문을 떠올려본다.
그렇게 의문문을 몇 개 만들어보고 가장 마음에 드는 걸
고른다.
그러면 뭘 쓸지 망설이던 상황을 타개할 수 있다.
즉 이 기술은 글쓴이 입장에서도 커다란 이득이다.

- 고객 만족이란 과연 무엇일까
- 고객 지원이란 무엇을 위한 걸까
- 상품 개발에서 가장 중요한 것은 무엇일까

이렇게 질문을 던지고 이야기를 시작하면 쓸 거리가
늘어난다. 자문자답식의 전개다.
한 가지 질문에 대답한 뒤 여기서 파생하는 질문을
또 만들어 이야기를 확장시키는 방법도 있다.
'질문 → 대답 → 질문 → 대답'이라는 간단한 전개는
읽는 사람에게도 쓰는 사람에게도 치트키다.

서두에 적절한 의문문이 오면
도입을 쓸 때 헤맬 필요가 없어진다.

서두에 적절한 의문문이 나오면
질문의 대답이 길 안내 역할을 하기 때문에
읽는 이는 안심하고 문장을 계속 읽는다.

스트레스가 사라지는
정리의 효과

목적지까지 가는 데 필요한 정보는
'이제부터 갈 길'뿐만이 아니다.
'지금까지 온 길'을 설명하면 더욱 안심하고 읽을 수 있다.
문장의 분량이 10페이지 정도일 때 1페이지의 서두에
목적지를 확실히 표시하고, 목적지와 가까운 8페이지쯤에
다다르면 아래 같은 문장을 넣는다.

> 앞서 말한 바와 같이 본 글에서는 한 중국인이 의문을 제기한 일
> 본의 소비문화를 조사했다. 마지막으로~

즉, 지금까지를 되돌아보고 정리에 들어간다.
이처럼 '이제부터'와 '지금까지' 방향키를 모두 넣으면
글이 길어져도 스트레스 없이 읽히고 내용도 정리된다.

되돌아보기는 긴 글의 후반에만 사용할 수 있는
기술이 아니다.
화제를 전환하고 다음 항목으로 넘어갈 때도 많이 사용된다.

이전 항목에서 소형견의 사례를 설명했다. 다음은 대형견의 사례를 살펴보자.

이런 구조다. 별거 없어 보여도 안정감이 대폭 상승한다.
읽는 입장에서는 리듬을 타면서 읽을 수 있다.
이때, 요령은 늘리지 말고 짧게 끊어 쓰는 것이다.

조금 전에는 인터넷의 역할을 정보 접근의 평등성 관점에서 문제를 지적했습니다.

지금까지 쓴 내용을 너무 자세히 파고들어도 위 문장처럼
군더더기가 붙는다.
이 기술의 진짜 목적은 어디까지나 스트레스 없이 읽히도록
큰 방향을 제공하고 숨 고를 구간을 마련하는 것이다.
지금까지 쓴 글을 완벽하게 요약할 필요 없다.
이 기술은 주로 이론을 순서대로 주장하는 학술 논문에
쓰이며 비즈니스 문서에서는 찾아보기 힘들다.

사실 표제나 제목이 가장 눈에 띌 것 같지만
의외로 쉽게 간과된다.
그러나 시작 부분에 쓰인 문장은 잘 건너뛰지 않는다.
따라서 여기에 내비게이션을 넣으면
'그렇군, 이제 ○○에 대한 내용이 나오겠구나'라는
인식이 생기고 리듬감 있게 쭉 읽을 수 있다.

잠시 멈추는 틈을 만들어
현재 위치를 알린다

'최종 목적지', '다음 통과 지점', '지금까지 온 길'의
내비게이션을 소개했다.
이 말들을 조합하면 현재 위치가 보인다.
'지도상 당신의 위치는 현재 여기입니다'라는 정보는
안정감을 준다.
잠시 멈춰서 지도로 현재 위치를 파악하면
길을 잃지 않는 맥락과 같다.

잠시 멈추는 예를 다음 문장을 통해 보자.

지금까지 웹 디자인의 주의 사항을 설명했다. 이어서 홈페이지의 문장 표현에 관한 기본적인 사항을 설명하겠다. 전부 이해되면 웹 PR의 기본은 거의 다 익혔다고 보면 된다.

이 문장들은 '지금까지'와 '이제부터'의 역할을 한다. 결과적으로 현재 위치도 확실해진다.

내비게이션 문장으로 현재 위치를 알았다고 해서 다음 이야기가 술술 풀리는 건 아니다. 왜냐하면 이야기와 이야기가 연결됐을 뿐이지, 전개는 멈춰 있다. 그래도 잠깐 숨 고를 틈이 있는 덕분에 읽는 입장에서는 머릿속을 정리하고 막힘없이 계속 읽을 수 있다.

차를 타고 멀리까지 나갈 때면 '이 길로 가도 될까?' 하는 불안감이 엄습한다. 그런 상태로 계속 운전하면 목적지에는 가까워져도 심신은 지칠 대로 지친다. 이럴 땐 차를 세우고 행인에게 길을 묻거나 쉬면서 지도를 보면 마음이 진정된다. 길을 헤맬 가능성도 줄고 목적지에도 일찍 도착한다.

한 호흡에 읽히는 칼럼처럼 짧은 글을 제외하면

내비게이션은 필요하다.

자주 멈춰야 평온하게 계속 읽을 수 있다.

그러다 보면 목적지까지의 심리적 거리감도 줄어든다.

'이 글은 어디로 향하는 걸까?'

'지금 어디쯤 읽고 있는 거지?'라는 생각이 드는 순간

독자가 더는 읽지 않을 수도 있다.

한눈에 포인트 14

'이제부터'와 '지금까지' 내비게이션으로
현재 위치를 알게 되면 안심된다.

읽다가 나도 모르게
설득되는 표현들

문장은 수학 방정식이 아니다.

논리적으로 전개되고 정확도도 높으면 당연히 좋지만,

내용이 타당해도 읽히지 않는다면 이도 저도 아니게 된다.

다 읽고 '이해가 잘 된다', '재밌었다'는 반응이 나와야 한다.

옳은 걸 내밀기만 하는 게 아니라

'납득'되는 느낌을 독자에게 줘야 하는 이유다.

프로의 기술 — ⑬

'당신은 이미 〇〇, 해냈어요!'라고 기쁘게 선언

어떤가요. 슬슬 눈을 떠야죠? 자본주의 연애 시스템이

당신에게도 보이나요?

웰컴, 투, 오타쿠 월드!

당신은 이미 '이쪽 세계'의 주인입니다! 축하합니다, 정말로요.

'허락도 없이 사람을 깨워 아키하바라의 황량한 거리로 납치해버리다니! 나는 원래 세상에서 배부르고 등 따습게 잘 지냈단 말이다, 이 자식아!'

이렇게 화내는 사람이 있을지도 모릅니다. 그래도 뭐, 기왕 여기까지 도달한 김에 이제는 주저 말고 자본주의 연애 세계의 오타쿠 전사로 다시 태어나자고요.

《전파남(電波男)》, 혼다 도오루 저, 고단샤분코

인용문은 '이미 오타쿠 월드로 넘어왔다'고 중간 결론을 내며 긴가민가한 경계선 위에 있는 독자들을 선 안으로 밀어 넘어뜨리는 고난도 기술을 발휘하고 있다.

인간이란 쉽게 영향을 받는 존재다.

　오사카가 사업하기에 가장 적당한 땅이라는 것을 이제서야 알았다.

위 문장처럼 '깨달았다는 의미를 내포한 말'을 넣으면 대부분 사람은 '그런 거였군. 이제 알겠어',

'(살짝 의뭉스러움은 있지만)궁금한 게 다 해결됐어'라며
순순히 납득한다.

이 기술은 문장에 남은 애매함을 분위기만으로 해결한다는
장점이 있다.
글쓴이가 '도쿄의 문제점을 열심히 설명했는데 왠지
설득력이 부족하다'는 고민을 한다고 해보자.
다음과 같은 문장을 추가한다.

앞서 살펴본 것처럼, 도쿄는 미래에 발생할 우려가 있는 이상기
후에 대응할 수 없다는 점이 밝혀졌다.

중간 결론을 내자 논리를 뛰어넘어 '납득'이 되면서
아무렇지 않게 넘기고 이어서 읽게 된다.
이와 유사한 효과를 내는 기술도 있다.

지금까지 POP(광고판)를 이용한 판촉 사례를 설명했습니다. 직
접 쓴 POP가 상당히 유의미하다는 점을 잘 이해하셨다고 생각
합니다.

이처럼 무턱대고 '이해하셨음 선언'을 한다.

프로의 기술 — ⑭

구간을 순간적으로 만들어 정리한다

사람들은 문장을 쓰기 때문에 더 상처받을 수밖에 없다.

'세상이 어떻게 볼지 모르지만 나는 재미있다고 생각한다'라는 걸 어떻게든 찾아내 계속 표현할 수밖에 없다. 처음부터 잘 될 리 없고, 나의 고유한 시점을 부정당하면 상처받을 수밖에 없다. 코웃음 치고, 거들떠보지 않고, 평가조차 해주지 않는 기획안을 끌어안고, 내가 옳다고 생각하는 것이 받아들여지지 않는 슬픔을 순순히 인정하고 앞으로 나아갈 수밖에 없다.

다시 한 번 말하겠다.

'인간은 타인의 의견 같은 건 듣고 싶어 하지 않는다. 듣고 싶은 건 타인의 이야기뿐이다.'

《지금 당장 쓰라, 문장법(いますぐ書け、の文章法)》, 호리이 겐이치로 저, 치쿠마신쇼

재밌게 읽은 문장법 책의 일부를 가지고 왔다.
마지막에 "다시 한 번 말하겠다"라고 선언한 뒤 지금까지의 주장을 정리했다.

이 기술은 정돈된 느낌을 주는 데 유용하다.

저자가 진짜로 앞에 나온 모든 서술을 정리하거나

반복하는지는 확실치 않지만(정말로 확인하는 사람은 거의

없지 않을까?)

일단 납득은 된다. 한 가지 팁을 더하자면, 납득되는 느낌을

높이려면 위의 예시처럼 한 문장으로 짧게

'예고 → 행갈이 → 정리된 문장'으로 구성해야 한다.

순간의 '틈'이 효과를 높인다.

영업 메일에
정리된 문장을 넣어 압박한다

비즈니스 메일에는 어떤 기술을 적용할 수 있을까?

오전에 영업 미팅으로 거래처에 들렀다가 회사로 복귀해

메일을 쓰려고 한다.

'오늘 감사했습니다'라는 말은 예의 차리기에 불과하다.

진정한 목적은 반응을 살펴본 뒤 계약을 체결하기 위함이다.

일반적인 메일은 아래와 같다.

✕ 두루뭉술한 문장

오늘 바쁘신 와중에 시간 내주셔서 감사합니다.

갑작스럽게 부탁드렸음에도 직접 뵙고 이야기 나눌 수 있어서 진심으로 감사드립니다.

본론으로 들어가, 저희가 준비한 프레젠테이션에서 오쿠노 님이 하신 질문은 회사로 복귀한 뒤 바로 개발 담당자에게 답변을 받았습니다. 그 자리에서 답변드리지 못해 대단히 죄송합니다. 메일로 답변드려도 괜찮을까요.

오늘 대화에서 오쿠노 님도 언급하셨지만, 보안 강화는 이제 단순히 대기업만의 과제가 아닙니다. 귀사는 이미 평균 수준의 방호책을 보유 중이라 당장 피해를 입을 가능성은 낮다고 봅니다.

그러나 앞으로 수법이 지능화되면 새로운 대책을 강구해야 합니다.

부디 저희 회사의 보안 시스템 '배큐엄 월(vacuum wall)'의 도입을 검토 부탁드립니다.

글이 길어졌다. 꽤나 딱딱한 톤이지만
'처음 만난 상대인데 이 정도는 신경 써야지'라는 판단에서
나온 글이다.
여기에 '이해하셨지요?'로 납득시키는 정리 문장을 하나
끼워 넣겠다.
(1~12번째 줄은 생략했다).

⬤ 생동감 있는 문장

(…)

그러나 앞으로 수법이 지능화되면 새로운 대책을 강구해야 합니다.

이를 고려한다면 저희 회사의 보안 시스템 '배큐엄 월(vaccum wall)'의 효과는 인지하셨으리라 생각합니다.

'완벽한' 안전은 없지만 대책을 세워두면 안심할 수 있습니다.

부디 '배큐엄 월'의 도입을 검토 부탁드립니다.

끝에서 세 번째 줄처럼

정리 문장 뒤에 조언처럼 들리는 '압박 문구'를 넣어도 효과가 있다.

압박하는 식으로도 설득력은 생긴다.

한눈에 포인트 15

옳고 그름보다는 납득되는 느낌이 더 중요하다.
'중간 결론 내기', '정리하기'로 설득력을 높여
계속 읽게 하자.

'현실감'과 '공감'은
빠져드는 문장의 열쇠

평일 오전에 근처 카페로 들어가 앉았는데
양쪽에 단체로 온 중년 손님들이 있었다.
한쪽엔 아주머니 네다섯 명, 다른 한쪽은 아저씨 두 명이다.
대화가 들린다.

아주머니들은 같은 동네 사람, 아들 내외 등 아는 사람
이야기를 했다.
그중 한 명이 "우리 아들이 말이지…"라고 말을 꺼내자
또 다른 사람이 "그 정도는 아직 괜찮지 뭐. 우리 사위는
말이야…"라며 이야기를 확장한다.
아저씨 두 명은 신문을 읽으면서 일본 정치에 관한
대화를 나눈다.
"야당 재편이…", "총리의 외교 태도가…"
뭐 이런 이야기다.

양쪽 다 세상 돌아가는 이야기지만 다른 점이 있다.
아저씨들의 대화는 거시적으로 바라본 사회 이야기,
아주머니들의 대화는 반경 50센티미터 이내의
주변 이야기다.

귀가 쫑긋해지는 건 역시나 아주머니들의 대화다.
왜냐하면 현실적이기 때문이다.

아저씨들의 대화는 그들의 실제 경험담이 아니다.
텔레비전이나 신문에서 얻은 정보를 기반으로 나누는
대화다.
반면 아주머니들의 대화는 실제로 보고 들은 경험담이다.
직접 보거나 그들과 어울리며 얻은 '현실감'을 바탕으로
이야기한다.
현실감이 있어 대화에 박력이 생긴다.
만약 아저씨들이 정치부 신문기자였다면 정치 이야기도
나름의 박력이 있었을 거다. 그러나 가족처럼 깊게
취재하기란 불가능하다.
역시 아주머니들의 가족 에피소드를 이길 수는 없다.

문장도 마찬가지다.

현실감이 없으면 빠져들어 읽지 못한다.

저널리스트나 소설가가 현장에 취재하러 가는 이유도
문장에 현실감을 불어넣기 위해서다.
오감으로 현장을 느끼면 문장에 현실감이 더해진다.
이들은 여러 경험에서 이 요령을 터득했다.
책이나 인터넷에서 '정보'를 얻을 수는 있어도
'현실감'은 얻을 수 없다.

'현실감'에 '공감'을 더하면
더 유혹이 강해진다

아주머니들의 대화가 재미있는 이유는 현실감 때문만은
아니다.
'현실감'에 '공감'이 더해졌기 때문이다. 이 경우
'맞아, 맞아. 무슨 말인지 알지'라는 생각이 든다.
나도 대화에 껴들고 싶어진다. 가족이라면 많든 적든
누구나 부대끼는 일화를 가지고 있기 때문이다.
어려운 이야기는 공감을 받을 수 없다.
'주위에서 흔히 보고 들을 만큼 실생활에 가깝다'가

주요 열쇠다.

정치나 스포츠는 대중적인 주제이지만 전혀 관심 없는
사람들도 있다. 반면에 가족, 건강, 음식에 관한 주제라면
누구든 말할 거리가 있다.
사람들은 모두 음식을 먹고, 잠을 자고, 가족이나 여러 관계
속에서 생활하기 때문이다.
그래서 많은 이들이 공감할 수 있다.

공감을 잘 이끌어낸 베스트셀러 책이 있다. 예전에 나온
《사오다케 가게는 왜 망했는가?
(さおだけ屋はなぜ潰れないのか?)》[11]라는 회계학 입문서다.
만약 책 제목이 '누구나 알 수 있는 친절한 회계학'이었다면
사람들은 전혀 공감하지 않았을 것이다.
'참, 《누구나 알 수 있는 친절한 회계학》이라는 책이 자주
보이던데 궁금해지네'라는 감각은 전혀 생기지 않는다.
그 밖에도 '일하지 않는 아저씨의 연봉은 왜 높을까',
'상사는 생각나는 대로 말한다' 등 요즘 도서의 제목들은

---

11   공인회계사인 저자 야마다 신야가 쓴 140만 부 이상 팔린 베스트셀러.

공감을 중요하게 여긴다.

'일본적 고용의 특색은 무엇인가'에는 시선이 가지 않는다.

'현실감'과 '공감', 이 두 요소가 계속 읽게 되는 문장의 열쇠다.

소비세 인상을 말할 때 "국가 재정에 관한 세입 그래프를 보면 소비세는…"보다는

"천냥 가게에서 물건을 구매할 때 순간적으로 암산이 되지 않았다"라고 쓰는 게 더 좋다.

회사에서 새로운 방식의 회의를 건의할 때

초등학교 학급 위원 선거, 고등학교 동아리 회의 등을 사례로 이야기해보자.

훨씬 쉽게 공감을 얻을 수 있다.

다시 한 번 정리해보자.

- **'현실감'을 얻는 요소** …… 나의 경험, 깊은 연관성, 내 주변에서 일어난 일
- **'공감'을 얻는 요소** …… 누구나 겪는 경험, 자주 보고 듣는 이야기, 흔한 현상

두 가지 요소를 염두에 두고
이야기를 끌고 나가는 방법을 강구하자.
어느 독자라도 관심 가질 만한 확률이 높은 문장을 써보는
거다.

한눈에 포인트 16

계속 읽고 싶은 문장의 열쇠는
'현실감'과 '공감'이다.
의식적으로 문장 안에 넣자.

고상한 이야기 말고
흔한 이야기가 좋다

'현실감'과 '공감'은 문장을 이어나가는 열쇠라고 설명했다.
현실감은 상상과 공상이 아닌 진짜 현실적인 느낌을 말한다.
공감은 누군가의 감정이나 주장이 나와 같다고 느끼는
감정이다.
'나도 그런 적 있어', '그 마음 뭔지 알겠어'라며
세차게 고개가 끄덕여질 때 계속 읽고 싶은 문장이 된다.
프로가 쓰면 다음과 같은 글이 나온다.

프로의 기술 — ⑮
아예 모르는 사람의 입장에 서본다

그런데 아무리 입문서를 읽어도 주식은 모르겠다. 왜냐
고? 이해하기 어려우니까.
한마디로 주식 세계에서는 모두 자기 멋대로 하고 싶

은 말을 한다. 그들은 어려운 수식을 들이밀고, 수수께끼 같은 그래프와 차트를 자랑하며 불경을 외듯이 전문용어를 늘어놓고, 주식과 주가의 차이도 모르는 초보자를 농락한다. 언제부턴가 잘 모르는 사람은 무지하고 뒤처진 패배자가 되어 있다.

《겁쟁이를 위한 주식투자(臆病者のための株入門)》, 타치바나 아키라 저,
분게이슌주

주식투자 입문서의 서두다.
"모두 자기 멋대로 하고 싶은 말을 한다"며 전문가들을
떠드는 아이들 취급하는 말투가 웃음을 자아낸다.

경제 서적은 아무래도 거시적으로 경제 시스템을 전망하고,
시장의 기관 투자자들이 이러저러한 이야기를 한다는
식으로 전개된다.
그런데 이 책에서는 주식과 주가의 차이점을 모르는 일반인
입장에 선 저자가 증권회사에서 익힌 감각대로 설명하고
있다. 그래서 진입장벽이 높은 주제임에도 '누구나 계속
읽는 문장'이 되었다.

공감으로 고개가 끄덕여지는 사보

프로의 기술을 응용해 사보에 재미있는 책을 소개한다고
해보자.
우선 책 내용과 저자 정보를 넣는다.
그리고 어디가 어떻게 재미있어서 추천하는지
의견도 넣는다.
내용 설명에 공을 들이지 않으면 흔히 다음과 같이 된다.

> 지금 세계적으로 에너지 부족, 물 부족, 환경오염 등이 문제다. 이
> 책은 이 문제를 해결하기 위해 대량 생산과 대량 소비 생활을 자
> 제해달라고 호소하고 있다.

마치 관공서 문서 같다.
책의 주제가 일상의 일처럼 느껴지도록 기술을 이용해보자.
대량 생산과 대량 소비 사회(←딱딱한 한자어들의 나열
때문에 시각적으로 답답해 보인다)를 향한 의문을
'공감 유발'을 위해 서두에 등장시켜 보자.

여러분은 팬티를 몇 장 가지고 있나요.

저희 집 장롱을 열어보니 최소 10장 이상이네요. 그중 매일 갈아입는 팬티는 4, 5장입니다. 몇 년 동안 입지 않는 팬티도 많네요. 그렇다면 팬티는 5장으로 충분하다고 보는데요. 평범한 가정에서 5일 동안 한 번도 빨래를 안 할 리 없잖아요.

그런데도 왜 서랍이나 옷장이 꽉 찰 정도로 옷을 사는 걸까요.

이 책은 현대의 소비 행태에 의문을 던지고 있습니다. '물건을 구매하기 전에 집에 있는 물건을 활용할 수 있는지 먼저 따져봐야 한다'고 저자는 주장합니다.

딱딱한 본문이 나오기 전에 푹신한 완충재를 깔았다. 팬티가 아니라 티셔츠여도 상관없다. 그런데 팬티가 등장하면 '지금부터 할 이야기는 고상한 이야기가 아닙니다'라는 뉘앙스가 더욱 강해진다. 실제 생활의 '현실과 공감'을 분명하게 의식하고 쓴 글이다. 불필요해도 계속 사는 물건에 관한 예시로 전자 제품이나 건강 제품을 써도 상관없다.

다만 일부에서 공감 못 할 소재로 받아들일 가능성도 있다.

그러나 팬티는 남자도 여자도 모두 입는 데다,

생필품이라 할인이라도 하면 쇼핑 목록에 무조건 넣다 보니

그 수가 계속 늘어난다. 여기에 '현실과 공감'이 있다.

'공감'을 이해하려면 '새의 눈'과 '곤충의 눈'이라는 말을 알아두자.

멀리서 관망하는 새의 눈과 가까이서 확대해 보는 곤충의 눈, 이 둘은 악덕 기업의 문제점에 관해 쓰는 방법이 각각 다르다.

- **새의 눈으로 쓰기** …… 젊은 세대의 고용 통계 및 보도를 바탕으로 기업과 행정을 취재한 후 쓴다.
- **곤충의 눈으로 쓰기** …… 악덕 기업에서 일하는 사람의 이야기를 듣거나, 아르바이트를 체험하거나, 과거 경험을 떠올려 글을 쓴다.

접근 방법은 이렇게 두 가지다.

동일한 현상이지만 한눈에 봐도 곤충의 눈이 더 큰 흥미를 끈다.

주변에서 흔히 일어나는 이야기일수록 고개가 끄덕여지는 공감이 나온다. 이 법칙을 의식해서 문장을 만들자. 많은 신문 사설이 지루하게 느껴지는 이유는 '현실과 공감'이 결여된 '새의 눈'으로 썼기 때문이다.

한눈에 포인트 17

**주변에서 흔히 일어나는 이야기일수록
고개가 끄덕여지는 공감을 자아낸다.
새의 눈이 아닌 곤충의 눈으로 문장을 쓰자.**

시각적으로 하얗고 잘생긴
문장을 만들자

책을 넘기다 보면 그냥 눈에 들어오는 문장도 있고,
단단히 마음먹지 않고는 읽히지 않는 문장도 있다.
이 둘을 가르는 기준은 뭘까?

배열이 시각적으로 보기 편한지 불편한지로
나뉜다는 게 나의 주장이다.
술술 잘 읽히는 문장은,
글자의 나열에서 느껴지는 전반적인 인상이 편안하다.

누구나 인상이 나쁜 사람보다는 좋은 사람을 선호한다.
인상이 좋다고 모두 미남미녀일 필요는 없다.
평균보다 더 단정하다, 분위기 있다, 이 정도면 딱 좋다.
문학 작품에는 어떤 페이지를 펼쳐도
넋을 잃을 만큼 아름다운 문장이 있지만

매일 읽으라고 하면 피곤할 것이다.

눈이 편안해지는 배열은 하얗다.
한자어가 많으면 까맣다

부담 없이 읽을 수 있는 '눈이 편안한 배열'이란 무엇일까.

첫 번째는 하얘야 한다.

한자가 많으면 종이나 모니터 화면이 까매진다.

반대로 풀어쓴 말이나 행갈이가 많으면 겉보기에도

하얗게 보인다. 그러면 한자 사용을 줄이고 문장마다

행갈이만 하면 되는 걸까.

그리 간단한 이야기가 아니다.

눈이 편안한 배열의 포인트는 '전체적으로 균일하다'이다.

문장의 전반부는 하얬는데 화제가 바뀌면서

갑자기 까매지는 경우가 있다.

이때는 불균형하다는 인상이 너무 강해서

눈이 편안한 배열이라고 말하기 힘들다.

한자의 나열이 그러하다. 예를 들면 아래 문장과 같다.

대관음도 사건 당시의 특별수사 부장 검사가 조사한 전 외교부 장관의 정치자금규모법 위반사건에서 다음과 같이 새로운 사실이 판명됐다.

마치 불경처럼 한자가 연이어 줄줄 나오면
문장이 까맣고 읽기도 거북해진다. 외모로 비유하면
'잘생기지 않았다.' 한자어는 어떻게 건드려야 할까.
문장을 쪼개서 정보를 분산하거나, 괄호로 정리하거나,
"새로운 사실이 판명됐다"의 판명(判明)을 "밝혀졌다"라고
바꾸면 훨씬 괜찮아진다.
아래와 같이 한자어를 쉽게 풀이하는 방법을 권한다.

- 완료(完了)했다 → **끝냈다**
- 전진(前進)하다 → **앞으로 나아가다**
- 패배(敗北)하다 → **졌다**

외래어로만 나열된 문장도 함께 보자.

제프 F. 폴슨은 하버드 비즈니스 스쿨부터 골드만삭스까지 커리어를 쌓은 베테랑 인베스트먼트 뱅커다.

낯설고 이상한 느낌이 든다.

순식간에 읽을 마음이 사라지는 사람도 적잖이 있으리라
본다. 해외 토픽이라 외래어가 많은 건 이해한다.
하지만 고유 명사를 제외하고는 최대한 줄이면 좋다.
예를 들면 커리어는 '경력', 베테랑은 '전문가'로 바꾸기만
해도 느낌이 다르다.

제프 F. 폴슨은 하버드 비즈니스 스쿨부터 골드만삭스까지 경력
을 쌓은 전문 투자가다.

외국어 사용도 줄이고 균형도 한쪽으로 치우치지 않아
문장 이해도가 높아진다.
'하얗고 잘생김'에 가까운 문장 배열을 만들자.

한눈에 포인트 18

눈이 편안하고 잘생긴 문장을 목표로 하자.
한자어나 외래어가 남발되지 않도록 주의하고
둘 이상의 한자어는 쉽게 풀이한다.

보기 좋은 배열은
매너 좋은 사람과 같다

이 책은 한 페이지에 21줄 정도 들어간다.

만약 한 페이지에 딱 1줄만 있다면

가독성이 떨어지는 건 두말할 필요도 없다.

당연히 스무 개 안팎의 문장을 넣는데, 여기서

행갈이를 한 번도 하지 않으면 가독성이 떨어진다.

눈으로 보기 불편한 배열의 문장을

시각적으로 보기 편하게 수정해놓은 실제 예시를 보자.

✕ 두루뭉술한 문장

2014년도 여름철은 오오이 원자력 발전소 3·4호기
정지, 전원 개발의 마츠우라 화력 2호기의 문제 등의

영향으로 동일본에서 서일본으로의 전력을 주파수 변환 장치(FC)를 통해 융통하지 않으면 중부 및 서일본 전 지역이 예비율 2.7%(예비율 3%이면 24만 kW 부족)이며 전력의 안전 보급을 위해 최소로 필요한 예비율은 3% 하한으로 전망되며 전력 수급은 험난할 전망이다. 특히 관서 전력 관내는 1.8%, 큐슈 전력 관내는 1.3%로 험난할 전망이다.

일본 경제산업성 웹사이트에서 발췌

머리가 지끈거린다.

2014년도 전력 수급을 설명하는 경제산업성[12]의 자료다. 이 자료를 받은 기자는 한 문장이 7줄이나 되는 걸 보고 질렸을 거다.

조금이라도 잘생긴 글에 가까워지게 수정하면 다음과 같이 된다.

---

12 한국의 산업통상자원부에 해당한다.

2014년도 여름은 전력 수급이 험난해 보인다.

오오이 원자력 발전소 3·4호기 정지, 전원 개발이 운영하는 마우츠라 화력 2호기 문제 등이 영향을 미치고 있다.

만약 동일본에서 서일본으로의 전력이 주파수 변환 장치(FC)를 통해 융통되지 않으면 중부 지방을 포함한 서일본 전 지역의 전력 예비율은 2.7%가 된다. 전력을 안전하게 공급하기 위해 최소로 필요한 예비율은 '3%' 아래로 전망되며 부족량은 24만 kW이다.

그중 관서 전력의 관내는 1.8%, 규슈 전력의 관내는 1.3%로 특히나 험난하다.

둘 이상의 한자어를 쉽게 풀이하고,

마치 불경 같이 열거된 한자어들 사이에 술어를 끼워 넣고,

행갈이도 하는 등 군데군데 손을 대 읽기 쉽게 만들었다.

이렇게 배열이 시각적으로 편해지면

글을 보자마자 바로 외면당할 위험도 줄어든다.

행을 바꿀 때의 요령은
'규칙성이 눈에 보이지 않아야 한다'는 것이다.
예를 들어 습관적으로 5줄마다 행을 바꾸는 것보다
1행만 있기도 하고 3행짜리, 5행짜리가 섞여 있는 경우가
규칙성을 발견하기 힘들어 더 세련된 인상을 준다.

더불어, 1행만으로 행갈이를 하는 기법은
짧은 문장을 돋보이게 해 상당히 힘이 강해진다.
강조나 확신이 들어간 결정적인 한마디는
1행 행갈이로 더욱 강력해질 수 있다.

문장의 기술은 기발한 표현, 수사법 등 고도의 기법이
아니다.
확인하고 또 확인하면서 오탈자를 줄이고
한자어 나열을 없애는 등 기본적이고도 착실한 작업이
훨씬 중요하다.
처음부터 끝까지 배열의 시각화에 신경 쓴 문장은
잠깐 훑어도 안정감이 느껴진다. 손톱을 다듬고 손수건을
항상 가지고 다니는 매너 좋은 사람이 좋은 인상을 주는
것과 같다.

보기 좋은 배열을 만드는 일을
자잘하고 쓸데없는 고집이라고 생각해서는 안 된다.
의외로 그 정성이 비즈니스 목표 달성에
커다란 도움을 줄 수 있다.

한눈에 포인트 19

시각적으로 좋은 배열은 좋은 매너와도 같다.
배열을 대하는 세심한 배려를 잊지 말자.

3장

전환하다

무심코 빨려드는
유혹의 '전개' 법칙

문장부호는
이해를 도울 때만 사용한다

무적의 습관도 이제 후반부에 이르렀다.
이번 장에서는 문장의 전개를 다룬다.

반전이나 기상천외하고 화려한 작문 기술 얘기가 아니다.
주제를 전환했을 때의 위화감과 장문에 동반되는
지루함이라는 방해물을 어떻게 없애고
고양된 감정을 유지한 채 계속 읽게 만들 수 있을까.
이에 관한 프로들의 기술을 배워보자.

우선 문장을 전개할 때는
문장부호를 적재적소에 사용해야 한다.

프로의 기술 — ⑯

부호를 써서 대화를 각본 스타일로

국민연금은 20년 동안 넣은 후 60~65세가 되면 비로소 받을 수 있는 모양이다. 그전에 사망하면 무용지물이 된다. 이건 좀 불합리하다 싶어 총무에게 따지러 간 바보가 있다. 말하지 않아도 이미 알겠지만 글을 쓰고 있는 나다.

총무: 아, 구라사카 씨, 무슨 일이죠?
구라사카: 국민연금 말인데요.
총무: 네.
구라사카: 저는 필요가 없어서요, 저는 빼주세요.
총무: (순간 표정이 얼어) 그건 말이죠, 사회 전체적으로 넣는 거라 혼자 필요 없다고 해서 어떻게 할 수가 없어요.

《활자광상곡(活字狂想曲)》, 구라사카 기이치로 저, 겐토샤분코

문장부호는 문장 안에 들어가 보조적 역할을 하는 경우가 많다.
위의 인용문처럼 문서를 구성할 때도 쓰인다.

대화 흐름을 빠르게 재현하고 싶을 때는
쌍점(:) 문장부호로 간단히 해결한다. 각본 형태다.
반면 '~라고 총무는 말했다'라는 말이 자꾸 나오면 소설이
된다.

메일의 문장부호는
오해와 언쟁도 미연에 방지한다

메일이나 문서에 문장부호를 쓰면
안건을 한눈에 확인할 수 있고 잘 읽혀 언쟁이 일어날
가능성이 적다.
동료 직원이나 거래처에 지시 사항을 전달할 때
우리는 메일을 자주 사용한다. 구두로 전달하면
까먹을 수도 있고 잘못 알아들을 수도 있다.
말했는지 말하지 않았는지로 문제가 발생하기도 한다.
전화로 연락할 경우, 상대가 메모한 뒤 내용이 맞는지
재차 확인하는 과정은 상당히 번거롭다.
메일에서는 이런 수고가 줄어든다.
그러나 아래와 같은 지시 메일이 오면 어떨까.

✕ 두루뭉술한 문장

1페이지 3번째 줄의 '신경과'를 '심료내과[13]'로, 2페이지 우측 상단 사진 캡션의 '커뮤니케이션'을 '학교나 사회에서의 커뮤니케이션'으로, 동일 페이지 밑에서 2번째 줄의 '고찰하고 싶다'를 '생각해보고 싶다'로 수정 부탁드립니다.

그리고 프로필에 '요모야마 대학 비상근 강사'라는 부분이요, 저쪽에서 '이제는 수업하지 않으니 삭제 바랍니다'라고 연락이 왔습니다. 삭제한 다음에 글자 수 다시 조절해서 보내주세요. 저희가 먼저 확인하겠습니다.

이상, 원고 수정 건과 프로필 변경 및 수정된 일정을 재차 알려드렸습니다. 번거롭지만 잘 부탁드립니다.

문장만 보면 그렇게 이상하지 않지만
머리에 잘 들어오지는 않는다.

---

13 정신건강의학과와 내과가 통합된 개념의 의학 분야.

상당히 복잡하게 얽힌 구조이기 때문이다.

우선 'A를 B로, C를 D로, E를 F로'처럼 여러 지시 사항을

한 문장 안에 길게 나열하지 말아야 한다.

각각의 지시 사항과 내용이 한눈에 파악되지 않는다.

프로필로 화제가 바뀌며 행을 바꾼 시도는 좋았지만

이 또한 무슨 말을 하려는 건지 짐작하기 어렵다.

상대방한테서 연락이 왔다는 불필요한 정보를 넣었기

때문이다. 마지막 인사말에서 일정 공지라는 새로운 용건을

추가해서도 안 된다.

이 메일을 받은 사람은 헉! 하고 놀랐을 것이다.

눈길을 사로잡는 문장부호의 효과를 알고 있으면

이와 달리 아주 알기 쉬운 메일을 쓸 수 있다.

○ 생동감 있는 문장

원고 수정

- 1페이지 3번째 줄 '신경과' → '심료내과'
- 2페이지 우측 상단 사진 캡션 '커뮤니케이션' →
  '학교나 사회에서의 커뮤니케이션' (※삽입 요청)

- 2페이지 밑에서 2번째 줄 '고찰하고 싶다' → '생각해보고 싶다'

프로필 수정
- 삭제 = '요모야마 대학 비상근 강사'가 있는 구절
- 글자 수 조절 = 100자

일정 공지 (※만일을 위해 재차 확인 부탁드립니다)

먼저 원고 수정이나 프로필 변경 등 대략적인 용건을 전달한 뒤 지시 내용을 항목별로 정리한다. 이렇게 수정된 메일을 받으면 내용이 바로 파악돼 실수도 일어나지 않는다. 이런 마음 씀씀이야말로 일 잘하는 사람의 본질이다.

한눈에 포인트 **20**

**문장부호의 쓰임새는 다채롭다.
비즈니스 메일에서는 꼭 써먹자.**

문장은
'의외성' 때문에 읽힌다

좋은 문장에는 리듬이 있다고 한다.

짧게 끊는 맛이 있는 문장은 상쾌하다.

　이 숯도 한때는

　흰 눈이 얹힌

　나뭇가지였겠지

시인 타다모토의 하이쿠[14]처럼

5·7조를 읽다 보면 기분이 좋아진다.

'짧은 한 문장'은 실용적인 문장 조건 중 하나다.

하지만 단순히 짧다고만 해서 좋은 문장이 되지는 않는다.

14　일본의 정형시로, 5·7·5의 17음 형식으로 세상에서 가장 구조가 짧은 시다.

단조로워질 수 있기 때문이다.

신문 기사에는 스트레스 없이 읽기 편한 문장이 많지만
그렇다고 마냥 즐겁게 읽히지는 않는다.
기사 내용이 지루한 데다 모든 문장의 형태가
변화가 적고 획일적이기 때문이다.
신문 기사의 문장은 정보를 정확하게 전달하는 데
특화돼 있다.
불필요한 부분을 걷어내고 한 호흡에 읽히도록
일정한 패턴에 맞춘다. 그래서 빠르게 읽을 수는 있지만
흐름을 예상하기 쉬워 의외성은 없다.

'의외성'은 재밌게 읽히는 문장의 주요 열쇠 중 하나다.
예상을 뒤엎는 전개가 아니면 결국 지루해져
독자는 읽지 않는다.

어떻게 해야 의외성이 살아날까?

글에 의외성을 불어넣는 방법은 한정적이다.
기획안 표지를 넘겼는데 붓글씨거나 만화 캐릭터가

설명하고 있으면

의외일지는 모르나 회사에서 책상을 빼야 할 수도 있다.

어떤 방법을 써야 할까. 정답은 대화 안에 있다.
대화를 나누다가 중요한 대목을 강조하고 싶을 때
오열하거나 큰소리로 외치는 사람은 없다.
상황에 따라 "이해하셨나요?", "다시 말하자면", "이것만은
자신 있게 말할 수 있습니다"라고 말을 꺼낸 뒤
"신 뢰 가 전 부 입 니 다"라고 결론을 말한다.
즉 우리는 대화에서 무언가를 강조할 때,
목소리에 힘을 주고 느린 속도로 분명하게 말한다.
자연스레 '어조(높낮이나 길이를 통해 띠는 말의 기운)'가
바뀌는 것이다.

그렇다면 어떻게 써야 문장이 어조를 띨 수 있을까.
누군가에게 책을 읽어준다는 마음으로 낭독하면 저절로
터득된다.

아무 책이든 좋으니 좌우 두 페이지 정도를 소리 내어
읽어보자.
익숙해지면 속으로 어조를 바꾸며 묵독해도 좋다.

우선 책 제목과 대사를 또박또박 읽는다.

그 외의 문장은 동일한 어조를 유지하다가 한 줄만

행갈이 된 단문과 '즉', '그래서' 등 접속사 부근에서는

목소리에 약간 힘을 주고 읽는다.

어미가 '~인 것이다', '~인 것입니다'처럼 단정으로 끝날 때

또는 명사로 끝날 때도 '~이다', '~입니다'로 끝날 때보다

조금 강한 어조로 읽게 될 것이다.

반대로 '~일지도 모른다', '~겠지' 등 애매한 표현이 나오면

어조가 약해진다.

이처럼 소리를 내어 읽으면 어조가 바뀌고,

묵독해도 문장이 어떤 어조를 띠는지가 머릿속에 맴돈다.

따라서 일단 문장을 써보고 더 강조하고 싶은 부분에서

어미나 행갈이 등 글의 표현을 바꿔가며 묵독해보자.

그중 어조가 더 적절하게 와닿는 표현을 고르면 된다.

물론 '여기다!' 싶은 일부만 강조해야 한다.

큰 목소리로 처음부터 끝까지 시끄럽게 말하는 사람에게는

아무도 귀를 기울이지 않는다.

내가 책을 집필할 때 편집자한테 들은 말이다.

"아무 페이지나 펼쳐도 꼭 소제목이 나오도록
글자 수를 조절하면서 작업해주실 수 있나요?"

이 또한 전개의 단조로움을 피하고
특정 문장을 강조하기에 좋은 방법이다.
페이지의 시각적 배열에도 변화가 생겨서
책을 후루룩 넘기는 사람에게 어필하는 힘도 강해진다.

한눈에 포인트 21

**문장이 읽히려면 단조로움은 금물이다.
의외성을 넣으려면 어조를 띤 문장을 써야 한다.**

아주 작고 세심한 차이가
단조로움을 깨뜨린다

읽는 이의 중도하차를 막으려면 단조로움을 피하고
확실한 어조 차이와 의외성이 있는 문장을 써야 한다.
이럴 때 프로는 어떻게 할까.

프로의 기술 — ⑰
어려운 말을 넣어 긴장감을 불어넣는다

나는 보다가 재미없으면 채널을 돌리는 걸 부끄럽게
느낀다. 그 방송이 지루하리라고 사전에 알아차리지 못
한 나 자신의 능력 부족을 노정(露呈)하기 때문이다. 이
때문에라도 가장 먼저 해야 할 일은 최대한 많은 방송
을 파악하는 거다. 모르면 제대로 고를 수 없다. 계획
없이 시청하는 태도로 행복을 발견할 수 있을 만큼 오
늘날의 텔레비전은 만만치 않다.

《낸시 세키 리턴즈(ナンシー関リターンズ)》, 낸시 세키 저, 세카이분카샤

앞서 64페이지에서 초등학생도 알 정도로 친절하게 쓰면
읽을 때 부담이 줄어든다고 설명했다.
그런데 친절함에도 약점은 있다.
어디를 읽어도 똑같아 보이는 단조로운 인상을 준다.
그렇다면 해결책은 뭘까. 위의 인용 문장에 힌트가 있다.

부담 없이 읽을 수 있는, 텔레비전을 소재로 한 칼럼이지만
예상과 달리 "능력 부족을 노정한다"의 '노정'처럼
난이도 있는 말을 쓰고 있다.
'노정'은 겉으로 드러나 보인다는 뜻의 단어다.
이것이 느슨했던 분위기를 팽팽하게 만들면서
문장에 변화를 일으키는 역할을 한다.
가벼운 읽을거리라고 해서 쉬운 단어만 나열하면
졸음이 쏟아진다.
그래서 '어라?' 싶은 강력한 한 방을 설치해
긴장감을 일으켜야 한다.

이렇듯 문장을 긴장감 있게 만드는 요령 중에

'~입니다'로 끝나는 문장에 군데군데 '~이다'를 넣는 방법도 있다.

비즈니스 문서를 작성할 때도 상당히 유용한 수단으로, 4가지 장점을 나열해보았다.

- **간단하다** …… '~입니다'를 '~이다'로만 바꾸면 된다.
- **어미에 변화가 생긴다** …… '~입니다'만 있을 때보다 어미가 훨씬 다양해진다.
- **강조한다** …… 일부만 '~이다'를 쓰면 단언조를 띠어 강렬한 인상을 남긴다.
- **문장이 짧아진다** …… 글자 수가 줄어 리듬감이 좋아진다.

요약하자면 긴장감이 생겨 문장이 날렵해진다.

굉장히 간편한 기술이지만 문장이 늘어질 때 쓰면 좋다.

행사 참석을 요청하는 다음 글을 인터넷에 올린다고 해보자.

❌ **두루뭉술한 문장**

도움이 되는 책을 이야기하는 모임

안녕하세요, 니코니코 주식회사의 오쿠노입니다. 항

상 신세 지고 있습니다.

이 메시지는 개인적으로 운영하는 '도움이 되는 책을 이야기하는 모임'의 초대장입니다.

책 읽을 시간이 없거나 좋은 책을 고르기 힘들다는 고민을 많이들 하지 않나요. 이 모임은 이러한 직장인들의 정보 교류의 장이 되고자 작년 가을부터 뜻을 모아 시작하게 되었습니다.

참가 조건은 단 하나. '도움이 되는 책'을 가져와 소개해주세요. 책상에만 있는 참고 문헌도 괜찮고 사전, 어학책, 경제학이나 마케팅 책처럼 어려워 보이는 책을 비롯해 요리, 사진 촬영 기법 등 취미 실용서까지, '이런 책이 있었다니!'라는 생각이 드는 책 한 권을 가지고 와주세요. 마음이 편안해지는 사진집, ○○를 이해하는 소설도 좋습니다.

여러분의 참가를 기다립니다.

'~입니다'는 정중하고 친절한 인상을 준다는 장점이 있다.

반면에 어딘가 늘어져 맛이 옅은 문장이 되기 쉽다.

실제로 글을 써보면 알겠지만 자칫 배려가 지나친 말투처럼 들린다.

자, 이 문장의 인상이 더 강렬해지려면 어떻게 해야 할까.

이때는 어조에 강약을 주고 배열을 바꿔본다.

원문 다섯 번째 줄부터 수정해보았다.

⬤ 생동감 있는 문장

책 읽을 시간이 없다, 마음 편히 서점에 갈 수 없다, 좋은 책과 만나기 힘들다. 이런 고민이 있는 직장인들이 많습니다. 이 모임은 진실로 유익한 책을 이야기하는 장이 되고자 시작됐습니다.

'도움이 되는 책'을 가져와 소개한다. 참가 조건은 이 하나뿐입니다.

책상에만 있는 참고 문헌도 좋습니다. 사전, 어학책, 경제학이나 마케팅 책처럼 어려워 보이는 책을 비롯해 요리, 사진 촬영 기법 등 취미 실용서까지도요. 당신이 늘 곁에 두는 책 한 권을 가지고 와주세요. 마음이 편안해지는 사진집, ○○를 이해하는 소설도 환영합니다.

한자어를 넣거나 어조에 변화를 주었다.

행갈이도 몇 번 했다.

'~입니다'로 계속되지만 처음과 중간 단락에 '~이다'를
활용했다.

이렇게 문장을 다듬었더니 전체적으로 날렵해졌다.

문장은 그림이나 디자인과 달리 시각적으로 강한 인상을
남길 수 없다.

그래서 아주 작은 변화를 낳는 세심한 장치가 필수다.

한눈에 포인트 22

**어려운 말을 쓰고 어미의 문체를 바꾸면
문장의 단조로움을 피할 수 있다.**

업무 메일에도
'긴장과 이완'을 불어넣자

긴장과 이완의 메커니즘에 관한 가장 간단한 예시를
살펴보자.

　　조용한 교실에서 누군가 방귀를 뀌었다.

방귀가 아니더라도 바지 지퍼가 열렸다든지
바나나 껍질을 밟고 넘어졌다든지, 뭐든 상관없다.
중요한 건 내용보다 '긴장→이완'이라는 낙차다.

문장에도 웃음이 있다.

책을 읽다가 웃기도 하고 메일을 보다가 피식하기도 한다.
기획안이나 제안서를 검토하다 히죽거릴 때도 있다.
웃음의 메커니즘은 뭘까.

이 또한 긴장과 이완의 간극에서 발생한다.

업무적인 문장에는 많든 적든 '긴장'이 존재한다.
입사 동기같이 특별한 경우를 제외하면 아무리 친해도
업무 메일로 "내일 한가해?"라고 묻지 않는다.
위화감이나 불쾌감을 느끼지 않는 수준의 긴장감은
일할 때도 반드시 유지돼야 한다.
그러나 일적으로 계속 마주치는데
처음 만난 사이처럼 딱딱한 메일을 보내면 그것도 이상하다.
긴장 수준이 과하게 높다.

적절한 이완을 위해 메일에 "사적인 일입니다만"
혹은 "추신"으로 양해를 구한 뒤
업무와 무관한 내용을 쓰는 경우도 자주 있다.
아래는 거래처의 젊은 담당자한테 받은 메일이다.

사적인 일로 죄송합니다만 저는 올해 7월이 되면 지금 다니는 회사로 이직한 지 10년이 됩니다. 지난날을 되돌아보니 오쿠노 씨에게 지도받던 추억들만 떠오릅니다. 앞으로 베테랑으로 거듭나겠습니다. 모쪼록 잘 부탁드립니다.

이 메일을 받은 사람은 입꼬리가 씨익 올라간다. 만약,
"사적인 일인데요, 요즘 근처에 살고 있는 길고양이와 노는
게 재미있습니다"처럼 정말로 사적인 일로 메일을 보냈다면
'이완'의 정도가 지나쳐 불편함을 준다.

비즈니스 문서에도
적당한 '웃음'이 있으면 좋다

"비즈니스 매거진 광고 페이지에 실릴 글이 필요해요."
알고 지내는 편집자한테 의뢰받은 메일이 기억에
오랫동안 남아 있다.

맥주 공장에 방문해 요즘 잘 팔리고 있는 신제품의
개발 담당자와 인터뷰를 하고 '오쿠노가 묻는다'라는
제목으로 기사를 내보내는 기획이었다.
편집자 외에도 매거진 광고 담당자, 대리점 담당자,
맥주 회사 홍보 담당자가 얽힌 복잡한 안건이다.
정중한 의뢰장과 함께 구체적인 미팅 장소 안내가 적힌
메일을 받았다.

그런데 장소 안내 밑에는 다음과 같은 글이 있었다.

만약 '형식적인 회의는 별로야', '현장으로 직접 가는 게 낫겠는
데'라는 생각을 하고 계신다면 편하게 연락주세요.

메일을 읽고 처음에는 일이 커진 것 같아 걱정했으나
마지막에 나온 이 한 문장을 읽고 긴장이 풀려 두근거렸던
기억이 있다.
이 메일을 쓴 편집자는 아마 '다짜고짜 이렇게 까다로운
의뢰를 받으면 당황하시겠지'라는
상상을 하지 않았을까. 그래서 추가한 문장으로 보인다.
의뢰 문서에 어울리지는 않지만
불필요한 압박감을 덜어내려는 배려가 엿보인다.

이처럼 의뢰 내용을 정확하게 전달한 뒤
읽는 이의 긴장까지 풀어진다면 그다음부터는
일이 수월해진다.

비즈니스 문서에서 양식에 충실한 문장은 사회인의 매너와
같으며 '긴장' 역할을 한다. 그리고 이와 거리가 있는 내용은
'이완' 역할을 한다.

읽는 이와 나와의 관계, 시간, 장소, 상황까지 고려해
'이완'의 적정선을 신중히 판단해야 한다.

긴장감 조절은
인간관계까지 좋게 한다

이번에는 '긴장'을 조절해 '이완'으로 넘어가는 구체적인
방법을 소개한다.
프로의 대단한 기술 두 가지를 느껴보자.

프로의 기술 — ⑱
긴장감을 높인 뒤 단숨에 떨어뜨린다

아마 마흔셋이었을 때인데, 곤들매기를 낚시하러 산속
깊숙이 들어갔다가 소나기가 내리길래 때마침 오두막
집으로 비를 피했다. 그 순간 살면서 느껴본 적 없는 이
물감이 머리에 느껴져, 식물을 따러 온 아저씨한테 정
수리를 살펴봐 달라고 했다. 그전에는 야외에서 머리에
비를 맞으면 마치 두꺼운 함석지붕에 빗물이 젖어드는
감촉이라서 비가 '내린다'라는 느낌을 단 한 번도 받지

못했는데, 이때는 함석지붕, 초가지붕은커녕 두피에 직접 한 방울씩 파형이 일어나며 마치 직격탄을 맞은 느낌이었다. 약간 과장을 보태면 뼛속까지 파고드는 통증이었다.

아저씨는 흘끗 보고는

"머리가 벗겨졌네"

라고 말했다.

《생명으로서의 정물(生物としての静物)》, 가이코 다케시 저, 슈에이샤분코

이렇게 짧은 인용문인데도 웃음이 새어 나온다.

빗방울이 떨어질 때의 감각을 "이물감"이라 표현하고,

머리를 "초가지붕"이나 "함석지붕"에 비유했다.

멋진 기법들로 매력을 발산하고는…

"머리가 벗겨졌네"라니.

처음부터 농담조로 썼거나 재미있는 뉘앙스를 풍겼다면

이런 효과는 나오지 않았을 거다.

치밀하게 쌓아 올린 뒤 단박에 긴장감을 무너뜨린다.

'낙차'란 단순히 긴장감을 떨어뜨린다는 의미가 아니고

그전부터 충분히 긴장감을 끌어올려 놓아야 한다는 걸

이 문장으로 알 수 있다.

서스펜스가 넘치는 실제 상황이지만, 사실은

무더운 한여름 밤, 차를 타고 산골짜기를 지나다 편의
점을 발견한 투구벌레 마니아와 나방 마니아는 반사적
으로 주차장에 들어간다. 애서가가 오래된 책방을 찾아
낸 순간처럼 가슴이 벅차오르지만 일단 곤충을 넣을 병
이 있는지 주머니 안을 손끝으로 슬며시 확인한 뒤 최
대한 평범한 고객인 양 차에서 내린다. 시선은 이미 편
의점 조명 주변을 방황하고 있다. 장시간 운전의 피로
를 푸는 듯 어깨를 돌리고 심호흡도 해보지만 눈빛만
큼은 극도의 집중력으로 편의점 조명을 탐색 중이다.
평소엔 눈이 나쁘지만 그 순간만큼은 유리 위를 움직
이는 2밀리미터 정도밖에 안 되는 곤충이 어떤 종류인
지 정확히 알아낸다. 그리고 그중 양호해 보이는 곤충
을 향해 그대로 돌진한다. 그 곤충을 별 탈 없이 병에
넣고 이번에는 유리창 앞에 우뚝 서서 아래부터 위에
까지 조명을 다시 훑어본다. 실내에 있는 사람이 그 모
습을 보면 흠칫 놀랄지도 모른다.

《곤충에게 편의점이란 무엇인가(昆虫にとってコンビニとは何か?)》, 다카
하시 게이이치 저, 아사히센쇼

곤충 에세이에서 발견한 마음에 드는 문장이다.

마니아는 편의점 유리창 앞에서도 곤충을 잡는다는

시시콜콜한 이야기다.

그러나 세심한 데까지 묘사해 서스펜스 분위기가 충만하다.

고작 곤충 이야기인데 엄청 진지하다.

이 간극이 재미를 자아낸다.

'긴장→이완'이 웃음을 끌어낸다고 했지만

반대로 '이완→긴장'의 구조도 동일한 효과를 낸다.

늘어지던 스포츠 경기에서 대단한 플레이를 보았을 때

웃게 되는 것과 비슷하다.

어느 쪽이든 긴장감을 조절하는 것이 웃음의 열쇠가 된다.

관계가 무너지지 않도록
불만글을 '이완'시킨다

활자로만 소통하면 나중에 싸움이 일어날 수도 있다.

내가 자주 하는 말이다.

이유는 명백하다. 사람 간의 소통에는 말뿐만 아니라

표정, 목소리, 몸짓, 시선, 옷차림 등도 큰 영향을 미치기

때문이다.

"오, 열심히 하시네요."

이런 메일을 받았을 때 속으로 '뭐야, 날 평가하는 거야?'

라고 생각하는 사람도 있다. 반면 얼굴을 마주하고 대화하면

굳이 숨겨진 의도를 캐내려 애쓰지 않는다.

활자로만 하는 소통에는 이런 위험이 도사린다.

그래서 편지를 쓸 때 꼭 지켜야 할 매너에는

계절감이 들어간 인사 등 정해진 약속이 있다.

그런데 예의만 붙들고 늘어지면 글이 갑갑해지고

전하고 싶은 메시지가 의도한 만큼 전해지지 않는다.

의견을 말하거나 다른 주장을 제안할 때는 명확하게 쓸

필요가 있다. 다만 상대의 기분이 상하지 않는 선에서

해야 한다.

전하고 싶은 용건을 쓰고 나서 마음이 진정될 만한 내용을

써보자.

긴장감을 높인 다음 조금 완화시키는 구조다.

예를 들어 이런 불만 메일을 받았다고 해보자.

저희 회사의 '똑똑한 순간온수기'의 광고 게재 건 감사드립니다.

온라인 주문이 바로 들어왔습니다.

한 가지 마음에 걸리는 건 전화번호입니다. 광고에 실린 번호는

저희 회사의 전화번호가 아니라 FAX 번호입니다.

처음 원고를 드릴 때 저희가 전화번호를 잘못 적었습니다만 6월 11일에 메일을 통해 수정을 부탁드렸습니다. 그 수정 사항이 반영되지 않았습니다. 이대로라면 고객께서 전화를 주셔도 받을 수 없기에 영업에 차질이 생깁니다.

저희로서는 납득하기 어려운 실수입니다.

담당자가 부리나케 뛰어올 만한 메일이다.

그러나 이 사건으로 지금까지 이어온 관계가 틀어지는 건 원치 않는다.

그렇다면 다음의 내용을 추가해 분위기를 누그러뜨려 보자.

광고를 보고는 "우리 회사 전화번호 언제 바뀌었어?"라고 이야기하는 분들이 많으니 이번 광고에 대해 귀사의 설명 부탁드립니다.

이 정도면 '사과는 확실히 받아야겠지만 펄펄 뛸 정도로 화난 건 아니다'라는 뉘앙스가 전해진다.

분노에 휩싸여 '이 사태를 어떻게 해결할 거야!'라고 화내는 건 간단한 방법이다.

그러나 노골적으로 감정을 드러내면 꼭 후회하게 된다.

여유를 보여주는 동시에 은근슬쩍 온정을 베푼다.

이런 태도가 비즈니스를 원만히 끌고 가는 요령이다.

긴장감을 조절할 수 있게 되면 글에 여유가 생기고

인간미까지 느껴진다.

그러면 모든 게 일사천리다.

한눈에 포인트 **24**

'긴장과 이완'으로 당신의 인간성을 표현하자.

초반에 흥분하면
중후반이 힘들다

3장의 주제인 '문장 전개'에는 수많은 패턴이 있다.
그리고 어떤 패턴을 쓰든 잊지 말아야 할
중요한 마음가짐이 있다.
처음부터 지나치게 흥분하면 안 된다는 점이다.

글의 분위기를 고조시키는 이상적인 모습은
작은 파도들이 앞의 파도에 잇달아 점점 높아지는 것이다.

- 아주 멋지고 귀한 체험을 했다.
- 최고의 영화를 소개한다.
- 세상에는 대단한 사람이 아직도 많다!

이렇게 초반부터 분위기를 고조시키면 그 뒤로는
'뭐야, 용두사미잖아'라는 생각이 들지 않도록

중반과 후반의 분위기가 더욱 들떠야 해서 힘들다.

노래의 후렴구와 똑같다. 한 곡에 몇 번씩이나 나오는
후렴구는 갈수록 큰 음으로 연주된다. 그래서 가수는
마지막 부분에 목소리를 더 쥐어짠다.
문장도 하나의 절정을 위해 그 밖의 것들은 억눌러야 한다.

분위기가 지나치게 고조되지 않도록 누구나 쓸 수 있는
요령이 있다.
바로 느낌표를 사용하지 않는 것이다.

'챕터 1의 제목에 느낌표 썼잖아'라는 지적에 해명하자면,
사실 원래는 사용하지 않는 편이 좋다.
나도 되도록 쓰지 않으려고 하지만 시선을 끌기 위해
느낌표의 힘을 빌릴 때가 있다.

"개발에 5년을 투자한 최고의 걸작입니다!"라고
자사 상품을 홍보하고 싶은 기분은 백번 이해한다.
그러나 이렇게 하면 다음에 오는 문장을
"오피스 효율화의 결정판!!" 등의 느낌으로
더더욱 고조시킬 수밖에 없다.

"최고의 걸작"이라는 말 때문에 이미 '표현의
인플레이션(상승)'이 발생했다. 느낌표를 떼거나
"개발에 5년을 투자한 자신 있는 작품입니다"
정도에서 끝내자.
감동을 전할 때 느낌표를 쓰고 싶은 마음은 굴뚝같겠지만
꾹 참아보자.
꼭 써야 한다면 메일이나 기획안 후반에 딱 한 번만 쓰기로
정해두자.
두 번, 세 번 나오면 '이제 그만 진정해!'라는 반응이
튀어나올지도 모른다(아, 또 썼네).

수식어는 말을 꾸민다.
덕지덕지 꾸미는 건 금물이다

표현의 인플레이션을 막으려면
수식어 사용에도 주의해야 한다.
덕지덕지 꾸민 표현은 왠지 가벼워 보여 신뢰가 가지
않는다. 길이가 길어진다는 점에서도 좋지 않다.

"상당히 유명한 사람입니다"에서 '상당히'를 떼어내고

"유명한 사람이다"로 줄인다. "주렁주렁 열린 상큼한
과일"도 조금 과하다. '주렁주렁'은 관용 표현이니
놔두더라도 '상큼한'은 빼는 등 조금 다르게 표현해
덕지덕지 붙은 느낌을 줄이자. 터무니없이 공들인 표현도
자제한다. "농후한 소스가 혀에 감길 때마다 환희가
차오른다" 같은 힘이 바짝 들어간 표현은 너무 애쓴 게
보여서 오히려 진부하다. "진한 소스가 마음에 들었다"라고
그냥 솔직하게 쓰면 된다.
글쓴이가 흥분하면 흥분할수록 읽는 이의 마음은 식는다.

수식어는 말을 꾸민다. 적당히 사용하면 눈에 띄지만
너무 많이 쓰면 '헉', '너무 필사적인데'라고 느껴진다.
부담스럽다.
특히 비즈니스 문서는 수식어를 거의 쓰지 않을 때
딱 좋게 날렵해 보인다. 억지스러운 모습보다
매정한 모습이 매력적으로 보이는 법이다.

한눈에 포인트 25

절정은 하나다. 초반에 너무 고조되지 말자.
느낌표와 수식어의 과도한 사용에 주의하자.

'표현 인플레이션' 시대에는
수수한 말이 돋보인다

표현의 인플레이션은커녕 별다른 표현이 없다시피 한데도
'아, 그렇구나' 싶게 이해가 잘 되는 인상적인 문장이 있다.
천천히 음미해보길 바란다.

프로의 기술 — ⑳
꾸미지 않고 체언으로 종결시킨다

물론 잘되는 쪽으로만 이어질 리 없어서, 곧 인터넷 버
블이 꺼지고 이른바 실적 장세[15]가 시작됐다. 이익을 내
지 못하는 사이버 에이전트[16]사도 피해를 받고 주가는
하락. 부풀린 광고료 청구 관련 보도를 계기로 굴러떨

---

15 경기 회복 조짐에 따라 상승하는 주식 장세.
16 일본 최대 온라인 광고 대행사.

어지듯 동전주[17]가 되었다. 2001년에 20억 엔 적자를 기록하고 2003년에도 24억 엔 적자. 그래도 고위층은 맨 처음 주식을 상장할 때 현금을 모아놓아 꿈쩍도 하지 않는, '너 혼자 재패니즘 드림' 상태로. 이런.

《오호, 향기로운 사람들(嗚呼、香ばしき人々), 야마모토 이치로 저, 후소샤

최대한 흥분하지 않는 저혈압 상태 같은 문장의 예시다.
담담하게 쓰려면 이러한 스타일도 있다는 것을 알아두자.
체언 종결(문장이 명사나 대명사로 끝난다)이 많은 점을
주목할 만하다.
다수의 작문 입문서가 체언 종결을 쓰지 말라고 하는 이유는
너무 자주 사용하면 신문 기사처럼 온기 없는 데이터 같은
문장이 되기 때문이다.
그러나 만약 감정 없이 방관하는 뉘앙스를 원한다면,
체언 종결의 '무기질 감촉'이 글에 좋은 풍미를 가져다준다.
화려한 수사어도 느낌표도 없지만 결과적으로 인상에 남는
문장이 되었다.

---

17 지폐(1,000원)보다 싼 주식.

천천히 달구되 단숨에 고조시키지 않는다

더 중요한 건, 모르고 있다는 사실만큼은 알고 있다는
사실 아닐까. 아니면 알고 있다고 생각했지만 아직도
모르는 게 있다고 인정하는 것. 문제에 한 걸음 가까워
진다는 건 그런 거다. 살면서 정말로 중요한 건 잘 모르
는 것에 둘러싸였을 때 정답이 없는 상태를 어떻게 정
확하게 처리할지에 대한 지혜겠지. 다른 국가와의 정치
적 줄다리기, 지역사회 내 분쟁, 간호를 둘러싼 가족 간
말다툼, 육아를 두고 망설이고 주저하는 일들이 그러한
정답 없는 문제의 전형적인 예다.

《알기 쉬운 건 알기 어렵다?(わかりやすいはわかりにくい？)》, 와시다
기요카즈 저, 치쿠마신쇼

철학을 다룬 책의 서두다. '안다'와 '모른다'를 화두로
기대감을 점점 높여 고조시키는 방법을 썼다.
전반부는 천천히 읽지 않으면 의미를 파악할 수 없다.
후반부는 의미 단위가 쉽게 파악되도록 한자어를 활용했다.
"국가와의 정치적 줄다리기", "지역사회 내 분쟁" 등
구체적인 문제가 언급되면서 이야기가 진해진다는 느낌이

든다.

반대였다면 상승의 느낌이 아니라 갈수록 흐지부지되는
인상을 주었을 것이다.

상품 설명은 수식어를 자제해야
매력적으로 전달된다

애정 있는 자사 상품을 설명할 때 나도 모르는 새에
표현 인플레이션이 발생하는 경우가 있다.
'획기적인' 혹은 '폭발적인 인기' 등을 쓰고 싶어질 때가
있다.
이렇게 강력한 말은 광고 문구에서는 허용되지만
상품을 설명할 때는 가벼워 보이므로 주의가 필요하다.
수식어는 최소한으로 써야 매력적으로 전달된다.

✕ 두루뭉술한 문장

'쭈욱쭈욱 말랑말랑 가방'은 저희 회사에서 2017년에
개발한 대히트 상품입니다. 어떤 복잡한 형태라도 가

방 안에 넣으면 저절로 형태가 잡혀 온갖 충격으로부터 상품을 보호하는 '궁극의 충격 완화 가방'입니다.

이 상품의 패키지 기술은 상식을 뛰어넘기 때문에 발매 당시에는 이 멋진 기술이 이해받지 못하였습니다.

그런데 2019년에 비즈니스 정보 방송 〈프로타고라스의 안뜰〉에 출연한 계기로 문의가 급증하게 되었습니다.

제조사나 물류 기업 등에서 대호평을 받아 2020년 봄에는 증산 체제를 정비했습니다. 해외로 판매처도 확장했습니다. 현재는 유리 제품 등 깨지기 쉬운 상품과 섬세하게 다루어야 할 부자재의 수송용 패키지로서 세계적으로 절대적인 지지를 받고 있습니다.

중소기업 기술자가 쓴 상품 설명서에서 자주 보이는 구조다. 대단한 걸 만들었다는 기쁨이 느껴지지만 관심 없는 사람은 퉁명스러운 반응을 보일 거다. 표현 인플레이션 때문이다.

흥분 과잉을 방지하려면 먼저 서두부터 제대로 막아야 한다. 작은따옴표로 묶어놓은 '궁극의 ~가방' 문구는 장황하니 삭제한다.

"대히트", "대호평"의 대(大)는 필요 없다.

"급증했다", "절대적인"도 평소의 톤으로 바꾸자.

상투적인 표현인 "지지를 받고 있다"도 다르게 말하자.

⬤ 생동감 있는 문장

'쭈욱쭈욱 말랑말랑 가방'은 저희 회사가 2017년에 개발한 완충용 가방입니다. 어떤 복잡한 형태라도 가방 안에 넣으면 저절로 형태가 잡혀 충격으로부터 상품을 보호합니다.

이 상품의 패키지 기술은 너무 획기적인 나머지 발매 당시에는 제대로 인정받지 못했습니다. 그러다 2019년에 비즈니스 정보 방송 〈프로타고라스의 안뜰〉에 출연한 계기로 문의가 늘었습니다.

이후 제조사나 물류 기업 등에서도 호평을 받아 2020년 봄에는 증산 체제를 정비했습니다. 판로도 넓어졌습니다. 현재는 유리 제품 등 깨지기 쉬운 상품과 섬세한 부자재를 보호하는 수송용 패키지 용도로 전 세계에서 사용되고 있습니다. 저희 회사에서 가장 히트한 상품입니다.

박력이 약해졌는데 괜찮을까? 하고 걱정이 들지도 모른다.

'상품 설명서는 이 정도로 충분하다'라고 대답하겠다.

대중 매체에서 쉼 없이 흘러나오는 홍보 문구나 수식어를

무의식적으로 따라 하는 사람이 많아졌다.

물론 수수한 말이 많으면 화려한 말이 주목받는다.

그런데 모든 말이 화려해지면 진부함에 매몰된다.

현대 사회는 오히려 담백하고 수수한 말이 눈길을 끄는

시대다.

한눈에 포인트 26

흥분하지 않고도 강한 인상을 주는 문장이 있다.
표현 인플레이션 시대에는 수수한 말이 돋보인다.

자세하게 쓰면
설득력이 높아진다

비즈니스 문장의 목적은 설득하기다.
'우리 상품 대단하지 않나요?', '먼저 이렇게 해주세요' 등
상대에게 양해를 구하는 일이다.
여기에 설득력이 붙으려면 무엇이 필요할까.

기본적으로 통계나 조사 데이터를 근거로 제시한다.
더불어, 최근에는 만든 사람의 스토리가
구매자의 마음을 움직인다고 한다.
상품 개발의 뒷이야기를 풀거나
'제가 이 양상추를 재배했습니다'라고 생산자의 사진을
홈페이지에 올리는 식으로 말이다.

다만 위의 방법은 누구나 금방 할 수 있는 일이 아니다.
이 책에서는 쉽고 간단한 설득법을 소개한다.

바로 아무튼 자세하게 쓰기다.

취재 인터뷰 후에 보내는 감사 메일의 사례를 보자.

오늘 귀중한 이야기 들려주셔서 감사합니다. 특히 미국 유학 에피소드가 인상적이었습니다. 저도 새로운 일에 도전하고 싶다는 생각이 들었습니다.

다음은 설득력을 높인 문장이다.

미국 유학 중에 방문한 알래스카 이야기에서 "경험하지 않으면 지식으로 남지 않는다"라고 하신 말이 인상적이었습니다. 저 역시 예전부터 관심 있던 유아 교육을 배우려고 지역 봉사부터 시작하기로 했습니다.

이렇게 하나하나 자세하게 쓴다. 정말로 감동을 받았다면 관심을 가졌던 사건이나 말 그리고 당시에 느낀 감정을 구체적으로 쓰는 건 쉬울 거다.

자세해진 문장에서 설득력이 나온다. 생각해보면 당연하다. "직장 상사가 괴롭혀서 싫다"보다

"옆자리에 앉은 40대 상사는 바빠서 짜증이 나면 꼭 중지 손톱으로 책상을 딱딱 친단 말이에요"라고 자세하게 묘사하면 신경에 거슬리는 감각이 확실히 전해진다.

반대로 말하면 추상적인 문장은 전달력이 없다.

- 세상을 보는 눈이 달라지는 책
- 고급지고 특별한 분위기의 가게

위 같은 추상적인 표어에는 사람을 설득하는 힘이 전혀 없다.

- 평일에 이온몰[18]을 찾은 주부가 무의식적으로 계산대에 가지고 오는 책
- 20대 직장인이 여자친구 생일에 방문하는 가게

이 편이 훨씬 낫다. "평화를 지켜라"처럼 추상적인 개념만 들어간 문장이 가장 좋지 않다.

---

18 일본의 대형 쇼핑몰.

애초에 말이라는 것 자체가 무언가를 추상화한 거라서
추상이 잘못됐다는 건 아니다. 그러나 지나치게 추상적이면
말과 내용이 어우러지지 않는 단순한 기호가 된다.
기호는 사람의 마음을 움직일 수 없다.

자세하게 쓰는 건 어렵지 않다.
완벽하게 정리한다는 생각을 버리고
'본 대로, 들은 대로, 느낀 대로'
자연스럽고 정확하게 쓰면 된다.
감사를 표할 때는 무엇이 왜 기뻤는지,
기획을 제안할 때는 착안 계기가 된 경험이
얼마나 재밌었는지에 대해 쓴다.

여기에 익숙해지는 데는 시간이 필요하다.
평소에 읽은 책, 만난 사람, 먹은 음식을 두고
추상적인 표현 없이 말해보거나 메모하며 훈련해보자.

추상적이고 잘못된 글쓰기(x)와
자세하고 좋은 글쓰기(o)를 정리해보았다.

×	○
일반적인 이름	**고유의 이름, 한정적인 이름**
빵	명란 프랑스 바게트
대략적인 일시	**정확한 일시**
일전에	3일 전
유형화된 묘사	**보고 느낀 그대로를 묘사**
고상한 고양이	털이 부드러워 보이는 고양이
발언의 요지	**발언의 정확한 인용**
꿈의 소중함에 대한 말씀	"자신의 꿈을 글로 써라"라는 말씀

한눈에 포인트 **27**

자세하게 쓰면 설득력이 높아진다.
지나치게 추상적이면 내용과 어우러지지 않아
전달되지 않는다.

디테일은 없던 일도
있는 일로 만든다

프로의 '자세하게 쓰기'를 구체적으로 들여다보자.

지나칠 때까지 디테일을 담는다

초등학생 시절 나만의 즐거운 시부야 순례는, 도큐 문
화회관의 플라네타륨에 가서 동관 2층 에스컬레이터
옆에 있는 매표소(전쟁으로 몰락을 맞은 부유한 집안 느
낌의 자존심 세 보이는 아주머니가 판매했다)에서 요금
만 물어보고 미야마스자카(宮益坂) 아래를 지나 아동회
관(이 건물 2층에 있는 모리나가에서 런치 메뉴인 나폴리
탄을 두 그릇 먹는 게 낙이었다)으로 가는 게 정해진 코
스였는데, 중학생이 되면서 아동회관 대신 대성당 서점
으로 바뀌었다. '책의 백화점'이라는 이름에 걸맞게, 대
성당은 없는 게 없는 복닥거리는 책들로 둘러싸인 그

야말로 유원지 같은 공간이었다.

《1972(一九七二)》, 쓰보우치 유조 저, 분슌분코

도쿄의 지리를 거의 모르는 나조차도 그림이 그려진다.
보통 이 정도로 자세하게 쓰진 않는다. 지방 사람이거나
세대가 다르면 도큐 문화회관은 모를 테고 매표소
아주머니에 대한 설명을 봐도 어떤 느낌인지 알 수 없다.
그런데 이만큼이나 디테일(세부 사항)이 겹겹이 덧칠되면
묘사가 두터워져 마치 나의 경험을 떠올리는 듯 느껴진다.
첫 문장은 너무 길어서(200자 이상이다!)
괄호로 묶은 긴 문장을 두 개나 삽입하는 등
문장의 이론에서 크게 동떨어졌다.
일반적인 규칙에서 벗어났지만
설득력 면에서는 반론할 수 없는 힘이 있다.

자세하게 묘사할 때 독자가 모든 고유 명사를 알 필요는
없다. 각각의 이름이나 설명 없이도 전체적인 문장에서
상세하고 생동감 있는 분위기를 내는 방법도 있다.
다음의 기술을 살펴보자.

혼란도, 감동도 있는 그대로 쓴다

'맛있어! 와, 너무 맛있어!'

갓 지은 밥에 카레의 풍미가 배어들기만 해도 충분하다. 코와 혀에 달고 짠 자극이 아릿하게 밀려온다. 감자가, 돼지고기가 입안에서 모락모락 데굴데굴 매운맛을 사방팔방 퍼뜨리며 굴러다닌다. 숟가락으로 뜨면 뜰수록 줄어드는 카레가 아까워서 미치겠다. 먹고 싶다, 그런데 먹으면 줄어든다, 나는 어쩌면 좋단 말이냐. 초등학생이 소풍에서 과자를 앞에 두고 갈등하듯 고뇌에 빠진다.

《오켄의 아찔한 허탈한 여행 세계(オーケンのめくるめく脱力旅の世界)》,
오츠키 겐지 저, 신쵸우분코

'꽃의 아름다움이란 말은 없다.
아름다운 꽃이 있을 뿐이다'라는 말이 있다.
눈앞에 있는 '꽃'의 구체적인 속성 중
'아름다움'이라는 추상 개념만 뽑아내는 건
반드시 실패한다는 의미다.
맛있는 음식을 먹는 순간의 감동을 전하는 것 또한 어렵다.

맛있음 자체는 묘사가 불가능하기 때문에
식사하기 전에 주고받은 대화나 음식을 입에 넣을 때
오고 가는 감정 등을 쓰는 수밖에 없다.

인용문이 독특한 이유는 카레를 먹었을 때의 감동과
동시에 혼란도 느껴지기 때문이다.
입 안까지 세세하게 묘사하고 있다.
글을 좀 더 말끔하게 쓰려면 쓸 수는 있지만
초등학생이 의식의 흐름대로 쓴 것처럼 일부러
어색한 문장 스타일을 고수한다. 당시를 회고하는 정돈된
감동이 아닌 한창 먹고 있을 때 혼란 섞인 감동을 쓰려는
의도였던 것이다.
먹는 순간의 감상 그대로를 자세하게 쓰는 방향성이
곧 '맛있음'을 표현하는 기교다.

통과되기 힘든 제안은
디테일을 자세하게 쓴다

통과되기 어려운 제안이나 요청을
꼭 통과시키고 싶은 경우를 생각해보자.

예를 들어 당신은 회사에 유연 근무제가 도입되길 희망하고 있다. 경영자에게 판단을 요구하는 정식 서류를 작성하기 전에 상사나 부장, 과장에게 의사를 전달하고 제도의 이득을 설명해야 한다. 왜 자율 근무제를 원하는지에 관한 설득력 있는 이유가 필요하다.

이때 업무 효율화, 환경 부담 절감 등 추상적인 이유를 제시해서는 절대 안 된다.

'효율', '환경'이라는 추상적인 개념으로 공감을 얻을 수 없다. 사회 풍조나 법률 등을 들이밀며 남들이 하는 대로 따라 하라는 태도도 사람의 마음을 움직일 때는 도움 되지 않는다.

◯ 생동감 있는 문장

저는 집 근처 후카미도리가오카 역에서 출퇴근하고 있습니다.

업무가 시작되는 9시 10분 전에 회사에 도착하려면 8시 5분 열차를 타야 합니다. 오스미가와선이 가장 붐비는 시간대입니다.

사람들 사이에 껴서 두 다리가 붕 뜰 것 같은 상태로

머리와 옷은 흐트러지고 회사에서 받은 노트북이 눌려서 망가질까 봐 전전긍긍하게 됩니다. 그래서 매일 7시 좀 넘어서 열차를 타고 출근합니다.

그러면 업무가 시작되기 한 시간 전인 8시에 자리에 도착하는데요. 같은 층에서 근무하는 열 명 내외의 사람들도 이미 출근한 상태입니다. 그들에게 이렇게 일찍 출근한 이유를 물었더니 '일의 진행 때문에'와 '사람이 붐비는 시간대를 피하려고'라는 답이 반반이었습니다. '야근하지 않으려고 빨리 왔다'는 사람도 두 명 있었습니다.

이 같은 실상을 감안하여 업무 시간을 앞당기는 것도 검토가 필요하다고 생각합니다. 일단 희망자 대상으로 시험 삼아 시행해보면 어떨까요.

현재의 문제점을 자세하게 열거했다.
디테일을 상세하게 써서 설득력 있는 제안이 되었다.

그런데 좀 길다. 자세히 쓰면 장문이 될 우려가 있다.
이때는 열거한 이유를 한 개나 두 개로 줄인다.

이러한 제안은 감정에 얼마나 호소하는지가 중요하다.

상사도 인간이다. '힘들었겠는데', '어떻게든 도와주고 싶네'
라는 감상을 주면 내 편으로 끌어들일 수 있다.

업무 효율화라는 이론을 내세우기보다

피부에 와닿는 디테일이 읽는 이의 마음에 훨씬 영향을
준다.

한눈에 포인트 **28**

자세하게 쓸 때는 디테일에 매달리자.

4장

끝맺다

기분 좋은 마무리로
끝까지 '납득'시키는 법칙

문장은 끝이 좋으면 다 좋다

마지막 장은 결말을 맺는 방법이다.

일반적인 작법서에 마지막은 결론이 확실히 보이게 쓰라고 나와 있다.

반면에 이 책에서는 마무리 지어진 '느낌'을 중요시한다.

끝맺음이 납득되는가. 이것 하나만이 중요하다.

문장이란 어딘가 이상하거나 논리가 딱딱 맞지 않아도

위화감 없이 편하게 읽힌다면 그걸로 충분하다.

마지막에 마무리된 느낌만 있으면

초반이나 중반이 좀 지루하거나 늘어져도

읽는 입장에서는 글쓴이 나름의 이유가 있었다고

짐작하게 된다.

글은 '끝이 좋으면 다 좋다'는 말이다.

물론 재미없거나 늘어진다는 이유로 읽던 중
책을 덮으면 게임 종료지만
문장 습관을 여기까지 따라온 당신에게는
불필요한 걱정이다.

마지막 느낌이 나는
문장을 체득한다

'마지막 문장이 긴장감도 없고 재미도 없다.'

모든 사람의 고민일지도 모른다.
나 역시 글을 쓰고 처음부터 다시 읽어보면
이런 생각이 든다.
하려던 말을 다 꺼내지 못한 것 같고, 여운도 없고,
이야기가 중간에 댕강 끊긴 채로 끝난 느낌마저 든다.
어디가 어떻게 잘못됐는지 알 수 없지만,
여하튼 결말에 어울리는 마무리라고 납득이 안 된다.

편지나 메일이라면 이런 일은 일어나지 않는다.
'끝으로 말씀드리면', '아무쪼록 잘 부탁드립니다'처럼

여기가 마지막임을 말로 표현하기 때문에
종결의 감촉이 전달된다.
그런데 일반적인 글에는 끝났음을 나타내는 정해진
형식이 없다.

어쩌다 결말다운 분위기가 잘 감돌면 다행이지만
그렇지 않을 때는 어찌할 도리가 없다.
그래서 '마무리가 맥이 없는데…'라고 고민하게 된다.

이를 피하는 가장 좋은 방법은
좋아하는 칼럼이나 에세이를 꼼꼼히 읽고
결말 같은 문장을 몸소 익히는 것이다.

'~라고 생각되는 작금이다'라는 표현이 있다.
옛날 표현이라 요새는 잘 쓰지 않는데
이 말이 나왔을 당시에는 상황이 달랐다.
그때는 그게 결말 분위기를 연출하는 형식이었다.

이 밖에도 무수히 많다.

• 그런 걸 생각한 서른아홉 살의 봄이었다.

- ~라고 기대하며 펜을 내려놓겠다.
- 그렇다, ○○이란 △△였던 것이다.
- □□ 씨의 싸움은 끝나지 않았다.
- ~라는 걸 깨달았다.

다만 이처럼 오래전부터 써온 패턴은 읽는 이의
예상 범위에 들어가기 때문에 자칫 실망스러울 수도 있다.
앞서 설명한 '의외성'이 결여된 실패다.
그래서 아직 신선한 감이 드는 마무리 느낌의 표현을 찾아서
여럿 비축해두어야 한다.

우선 신문, 잡지의 칼럼, 에세이가 어떤 필치로
결말 느낌을 주는지 유심히 관찰하며 읽어보길 바란다.

분위기를 전환한다고
당당히 설명하며 끝내도 괜찮다

간단하게 마무리 느낌을 내는 비결은 없는 걸까.
방법은 있다. 분위기를 전환하는 말을
그대로 솔직하게 쓰는 것이다.

"중구난방이 되었지만 나는 다음과 같은 말을 하고 싶었다"
라고 정직하게 써버리면 그만이다.

이로써 일단 마무리는 된다.

시바 료타로[19]의 소설 《나는 듯이(翔ぶが如く)》를 읽고
충격을 받았던 적이 있다.

그는 "책을 안 쓸 때의 잡담을 여기에 끼워 넣고 싶다"라고
쓰고는 집필 뒷이야기를 당당하게 넣었다.

이야기가 다 끝나자
"이상으로 여담을 끝낸다"라는 말과 동시에 태연하게
원래 소설 이야기로 돌아갔다.

소설이라고 보기 힘든 방식의 문장이었지만 의외로
자연스럽게 읽혔다.

오히려 솔직해서 좋았다.

그러니 이야기를 마무리 지으려면 당당하게 어필하자.

만약 '아, 샛길로 샜네'라는 생각이 든다면

---

19 1959년 제42회 나오키상을 수상한 작가로, 《료마가 간다》 시리즈, 《대망》 시리즈로 유명하다.

앞 문장에 "다른 이야기인데요"라고 전제를 깔아둔다.
이야기가 끝나면 "원래 화제로 되돌아가면"이라고
꾸밈없이 쓴다.
결말 느낌만 잘 난다면 중간 전개가 별로더라도
다 읽고 난 후의 느낌은 괜찮다.

분위기를 전환하는 표현을 다음과 같이 모아두었다.

- **잠깐 샛길로 새자면** …… 이 말을 앞에 넣으면 본문과 관련 없는 이야기를 당당하게 할 수 있다.
- **이야기를 되돌리면** …… 이야기가 중심 화제에서 벗어났을 때, 스스로 무슨 말을 하고 있는지 모를 때 방향을 수정하기 위해 쓴다.
- **여담은 그만하고** …… 지금까지의 이야기를 모두 없던 일로 만드는 마법의 말. 이 말 하나로 행갈이도 가능하다.
- **그러면 이제** …… 지금까지의 흐름과 관계없는 내용에 쓸 수 있는 믿음직한 접속사. '그러면 이제 본론으로 돌아가자', '그러면 이제 ~(행갈이)' 등. 상당히 편리하지만 너무 많이 쓰면 수법을 들킨다.
- **자** …… '자, 논점을 정리해보자', '자, 마지막으로 결론을 정리하면' 등 가벼운 재정비, 궤도 수정 그리고 결말에 쓰인다.

- **이러한 이유로** …… 그 이유가 뭔지 잘 모르더라도 일단 문장
  이 전개된다.

마지막 세 가지는 글이 마무리 단계에 들어갈 때도 쓰인다.
큰 의미는 따로 없다.
다만 글의 리듬을 살리고 설득력을 높이는 효과가 크다.
문장에서 무언가 부족해 보일 때 꼭 활용해보길 바란다.

한눈에 포인트 29

**결말 느낌이 나는 문장을 비축해두자.
분위기를 전환해 설명하는 방법도 있다.**

화제 전환도 끝맺음도
'이렇게' 하면 납득된다

글은 마지막에 '납득'되는 느낌만 들면 된다고
앞서 말했다.
프로는 어떻게 읽는 이를 납득시킬까.

갑자기 분위기를 확연히 바꾼다

세간에서 '저 사람 인터넷에 빠삭한가 봐'라고 생각했
는지 인터넷 관련 일을 여기저기서 주었다. 덕분에 인
터넷에게 대단히 감사하고 있다. 그리고 나는 다른 무
엇보다 인터넷을 아주 좋아한다.

그런데 말이지, 여기서부터 돌연 다른 이야기인데 인터
넷은 정말이지 역겹다! 뭔 일만 나면 '죽어라' 이런 말
쓰는 놈들이 속출하고 자의식 과잉에 빠진 자나 '난 크

레이티브한 사람'이라고 혼자 떠드는 놈들이 여기저기
서 우후죽순 생긴다고 생각하면 (생략)
《인터넷은 바보와 한가한 사람의 것(ウェブはバカと暇人のも)》, 나카가
와 준이치로 저, 고분샤신쇼

인터넷을 다룬 책의 머릿말을 인용했다.
자신의 일과 인터넷에 대한 감사의 마음을 표현하고 나서
"인터넷은 정말이지 역겹다!"라며 속마음을 팡 터뜨린다.
인상에 남는 문장이다.

상당히 개인적인 감상이 담긴 문장이지만 어색함은 없다.
"여기서부터 돌연 다른 이야기인데"라고 단호하게
말함으로써 납득시키고 넘어갔기 때문이다.

하고 싶은 말이 잘 전해지지 않거나
감정을 그대로 쓰고 싶을 때는
위의 인용문처럼 단호하게 분위기를 뒤집는 것도
하나의 방법이다.

끝났다고 느껴지는 접속사 '그렇다면'

하기 싫은 일을 할 때 유독 시간이 길게 느껴지는 이유는 그 시간의 농도가 뭘 해도 희박하기 때문이다. 나의 심정에 변화가 없어서 지루하다. 이런 일이 없게 하려면 시간을 잊고 몰입할 만한 걸 찾을 수밖에 없다. 하고 싶은 일이 산더미 같고 뭐부터 손대면 좋을지 모르는 행복한 사람은 시간을 의식하지 않는다. 즉 시간을 잘 보내기 위해서는, 시간 활용 그 자체를 찾아 헤매는 건 의미가 없다는 얘기다.

그렇다면 이 항목을 중간에 건너뛰지 않고 끝까지 읽은 당신은 이미 몇 분을 허비했다. 나 또한 의미 있는 시간 활용법 같은 걸 생각하느라 시간을 허비했다. 앞으로 이런 일이 없었으면 좋겠다.

《호들갑스럽지 않은 어른이 되거라!(大人げない大人になれ)》, 나루케 마코토 저, 다이아몬드샤

"그렇다면"으로 시작하는 마지막 단락을 빼도
문장의 메시지는 거의 변하지 않는다.
다만 이 문장이 있어야 훨씬 마무리된 느낌이 난다.

끝맺다

다시 말해 문장은 '논리적인 옮음'보다 '왠지 모르게
납득되는 느낌'이 훨씬 중요하다.
논리적으로 옳다 해도 납득시키는 연출이 엉성하면
쓰다 만 인상을 준다.
우선 상투적인 표현을 써봐도 좋다.
이후에 서서히 자신만의 '화제 전환', '정리', '끝맺음'을
연출하는 방법을 익히길 바란다.

<한눈에 포인트 30>

화제 전환과 끝맺음은 논리적으로 옳기보다는
왠지 모르게 납득되는 것이 중요하다.

소금 한 움큼을 뿌리듯이
문장을 끝내면 완성이다

단맛을 돋울 때 주로 짠맛을 사용한다.
단팥죽과 함께 나오는 음식으로는
소금에 절인 다시마와 소금이 한 움큼 뿌려진 오징어가
있다.
태국에서는 달콤한 파인애플을 일부러 고춧가루에
찍어 먹는다고 한다.

짠맛을 돋보이게 하는 단맛도 있다.
내가 자주 가는 식당의 카레에는 과일 향이 난다.
한 숟갈 먹으면 열대 지방의 단맛이 입안에 퍼지고
뒤이어 짠맛이 스멀스멀 올라온다.

이렇듯 정반대의 맛 한 움큼으로
원래의 맛이 훨씬 살아나곤 한다.

끝맺다

문장에도 이런 장치가 있다.

고작 몇 글자밖에 되지 않는 말을 넣음으로써

전체적으로 글에 긴장감과 설득력이 생긴다.

한 건축가의 인터뷰 원고를 맡았을 때 서두에

"허영과 욕망이 중요하다"라고 쓴 적이 있다.

맞춤형 주택을 짓고 싶은 독자를 위한 기사로,

주택을 지을 때 중요한 마음가짐에 관한 구절이었다.

원고를 보내자마자 편집자한테 도입부가 좋다는 답변을

받았다.

허영도 욕망도 그다지 좋은 의미의 단어는 아니다.

그래서 더욱 '서두에 이 말을 넣으면 후반부가 살아나겠지'

라는 아이디어가 번뜩였다.

물론 본래의 취지는 후반부에 실었다.

'허영이나 욕망은 쉽게 매도되지만 그 가운데 진심이 있다.

의뢰자는 자신의 마음에 충실하게 자기가 원하는 이상적인

집을 요구해도 된다'라는 식으로 이야기가 끝난다.

전형적인 '소금 한 움큼 뿌리기'이다.

자랑은 이쯤하고 이제 정리해보겠다.

미세하게 낯선 감각이 들게 하는 말이 있어야

문장에 긴장감이 생긴다.

예를 들면 해당 화제에 썩 어울리지 않는 장르의 말을
꺼내보자.
자녀 교육에 대해 말하다가, 투자나 IT 신제품 뉴스를
전하는 것처럼 말이다.
처음 읽는 사람은 '응?' 하는 반응과 함께 그 말에 집중하게
된다.

낯섦이 느껴지게 하려고 특별한 말을 쓰기도 한다.
'기만(欺瞞)', '지양(止揚)'같이 어려운 한자어나
'메르크말(Merkmal, 지표)', '데모니슈(Damonisch, 악마
같은)' 등 철학적인 향을 풍기는 말도 활용해보자.
의외의 말을 평범한 곳에 쓰면 낯선 감각이 연출된다.
보통의 말을 의외의 곳에 써보는 방법도 있다.
블로그, SNS에다 신변잡기식으로
"우리 집 강아지가 요새 발정기인데"라고 쓰면 평범하다.
만약 경제학자가 쓴 경제 분석 글 서두에
이 문구가 있으면 성능 좋은 '소금'이 되지 않을까.
흔한 말도 어디에 쓰이는지에 따라 낯선 기분을 들게 하는
효과가 있다.

다만 낯선 건 미세할 때가 딱 좋지, 과하면 안 된다.

곁들일 뿐인 소금이 과하게 얹어지면 원래 내려던 단맛은 묻힌다.

그래서 쉽지 않다는 것이다.

좋은 말만 있다고 지원하지 않는다.
고통으로 감정을 흔들어보자

모든 일에는 좋은 면도 나쁜 면도 있다.

그런데도 사람은 나쁜 면만 보는 습관이 있는 듯하다.

예를 들어 아래와 같은 회사 홈페이지의 채용 공고를 보자.

- 경력이 없어도 점장이나 지역 매니저가 되는 승진 제도
- 현장 재량권이 크고 보람찬 일
- 본부 연수나 사외 연수로 개인의 능력을 향상시키는 제도
- 이익 목표를 달성하면 상여 지급

좋은 조건의 공고를 올려도 생각보다 지원자가 없다.

보는 이는 이렇게 좋기만 할 리 없지 않느냐는

부정적인 상상을 부풀리기 때문이다.

'승진하는 사람은 극소수겠지', '현장 재량과 보람이라는
표현이 수상해'라며 합리적인 의심을 한다.

이렇게 된 이유는 문장이 두루뭉술하게 좋은 말만 하기
때문이다.

이럴 때는 '소금 한 움큼'의 법칙대로 짠맛을 약간 첨가하면
단맛이 더 돋보여 상대의 마음에 닿는다.

이제 조건을 다음과 같이 바꿔 써보자.

- 경력이 없어도 입사 후 열심히 배우면 점장, 지역 매니저가 될
  수 있습니다.
- 현장의 재량권이 크고 보람찬 일. 조금 힘들어도 경험을 쌓고
  싶은 사람 우대.
- 본사는 성실하게 노력하는 사람을 응원합니다. 본부 연수와
  사외 연수 등을 통해 개인의 업무 능력을 지원.
- 이익 목표를 달성하면 상여를 지급합니다. 최선을 다하면 돈
  으로 확실히 보상합니다.

어떤가. 일이 힘들고 업무 시간 외에도 공부해야 할 것 같은
'부정적인' 말을 소금으로 뿌렸다.

좋은 면을 강조하려면 약간의 부정적 요소를 넣고,

안 좋은 면을 강조하려면 약간의 긍정적 요소를 넣으면
된다.

나이가 어려도 가게 경영에 참여할 수 있다는 장점을
강조하려면
"나이가 어려도 담당 가게 경영에 참여 가능합니다"에서
그치는 게 아니라 "책임은 막중하지만 경영 감각을
갈고닦을 수 있는 일입니다"라고 한 마디 덧붙인다.
책임이 막중하단 말은 사람들이 꺼릴까 봐
보통 때라면 쓰지 않는다. 그러나 여기서는 이 쓴맛이
'나(지원자) 자신을 위한 길이다'라는 단맛을 돋보이게 한다.

끝맺음에 사용하는 '소금 한 움큼' 방식은 이렇듯
다양한 문장에 응용할 수 있다.

한눈에 포인트 31

**'소금 한 움큼'은 응용 범위가 넓은 문장 기술이다.
문장을 끝낼 때 사용하면 효과적이다.**

상투적 표현은
생각보다 더 치명적이다

이 세상은 상투적인 말과 틀에 박힌 말로 가득하다.

신문, 잡지, 텔레비전은 물론 특히 업무 메일이나 서류에도

너나없이 어디선가 들어본 표현을 쓰고 있다.

벤처 기업 하면 '혁신'이고, IT라고 하면 '창의성',

서비스업 하면 '고객 만족'처럼 저절로 떠오르는 건

헤아릴 수 없이 많다.

상투적인 말이 없으면 회사는 하루도 제대로 돌아가지 않을

것이다.

아무리 최선을 다해도 상투적인 말을 완전히 배제할 수는

없다.

상투어는 편리하지만 무섭다.
이윽고 사고력을 무너뜨린다

그렇다고 한 치의 망설임도 없이 상투어를 쓰는 건
상당히 위험하다.
왜냐하면 굉장히 편리하기 때문이다.
원하는 표현이 도저히 떠오르지 않을 때
상투어는 이 상황을 간단히 해결해준다.
세간에 넘치는 기존 개념의 말은 듬직하다.
처음 만나는 사람과도 의사소통이 되고
'뭘 어떻게 말해야 하나'라는 고민도 할 필요 없어진다.
혼자 생각해낸 표현을 사용하면 상대의 당황을 일으키지만
익숙한 표현에는 누구도 왈가왈부하지 않는다.

다만 상투어에 의존하는 사이 점점 뇌를 쓰지 않게 된다.
'새로운 콘셉트를 기획할 거야!'라는 의욕을 불태워도
내 마음에 쏙 드는 표현을 찾아내지 못하면
하는 수 없이 업계나 경제 매거진에서 봤던 상투어를
사용할 때가 있다. 그 결과
아쉽게도 어디서 들어본 적이 있는 아이디어로 끝나고 만다.

상투어는 편리하기 때문에 그만큼 무섭다.

술과 마찬가지로 적정량을 지키고 남용도 피해야 한다.

인간은 말로 사고한다.

건성건성 말하면 사고도 건성건성 해진다.

알코올 의존이 간을 망가뜨린다면

상투어 의존은 사고력을 망가뜨린다.

상투어는 특별한 규제 없이 공기처럼 편재해 있기에

자각도 없이 완전히 의존하게 된다. 그래서 마약보다

무섭다고 할 수 있다.

진부한 '고집', '유대'의 새로운 쓰임새. 신선함을 재정의할 필요가 있다

일본에서 장인 정신을 가리키는 상투어로

'고집(こだわり[코다와리])'이라는 말이 있다.

"고집 있는 라멘", "기동성에 고집이 들어간 신제품" 등

일본 거리 여기저기서 보이는 표현이다.

온통 좋은 의미로 쓰이는데 원래는 긍정적인 말이 아니었다.

사전에는 '얽매이다', '어떻게 되든 상관없는 일에

구애받다'라고 나와 있다.

끝맺다

예전에는 "그런 거에 연연해하지 마"라고 할 때의 상황에
쓰였다.

처음에는 대단한 충격을 주는 세련된 표현이었다고
미루어 짐작된다.
그전까지는 "정성 가득한 라멘", "기동성에 심혈을 기울인
신제품"이라고 표현했는데
굳이 부정적인 뉘앙스의 '고집'으로 대체했다.
그랬더니 '오, 이게 훨씬 좋은데!' 싶은 신선한 놀라움이
있었던 것이다.

생각해보면 '유대(絆[키즈나])'도 그렇다.
주로 가축을 매는 고삐를 뜻하는 이 말이
'사람을 잇는 끈'으로 처음 쓰이기 시작할 무렵에는
인간관계의 아름다움이 느껴지는 재치 있는 말이었다.
그런데 지진 보도에서 활용되더니
이제는 '뭐만 하면 유대래'라고 생각하는 지경이다.
지금은 상투어 세계의 일인자다. 우리는 이제 '유대'라는
말을 쓰면 안 되는 걸까.
기본적으로는 그렇다. 다만 지진과 관련 없는 문맥에서는
효과적일 수 있다.

예전에 쓴 저자 후기에 "책과의 유대"라는 표현을
넣은 적이 있다.

목적은 두 가지다. 본래는 '사람과 사람'의 관계에 쓰는 말을
'사람과 물건'에 씀으로써 '어라?' 하는 반응을 원했다.

다른 하나는 '유대'의 진부함에 역수를 두어
'사람과 사람 사이의 관계성에 너무 집착하지 않나요?'라고
문제제기하고 싶었다.

독자 리뷰만 보면 일단 나의 의도가 잘 전달된 것 같다.

이러한 변화구를 던지고 싶다면
어떤 말이 얼마나 쓰이고 있고 어떤 뉘앙스로 쓰이는지
신선도를 가늠해야 한다. 머리에 떠오른 말이 상투어인지,
상투어가 되기 일보 직전인지 생각해보고 쓰도록 하자.

특별한 말이 아닌
특별한 것을 쓴다

상투어와 극단에 있는 문장을 인용문으로 가져왔다.
평소에 진부한 말과 가깝게 지내는 사람은 신선미를 천천히
음미해보길 바란다.

극히 평범한 말로 평범하지 않은 감동을 쓴다

캐나다 유콘에서의 생활은 근사했습니다. 아침이면 흘러가는 강을 보면서 할 일을 하고 텐트도 걷고 노도 젓습니다. 하루가 지날 때마다 식재료가 줄어 카누는 점점 가벼워집니다. 식재료 분배에 실패해 허기가 지기도 하고, 밤의 술렁거림과 곰의 발자국에 겁먹거나, 빠른 물살에 가까워질 때마다 눈을 깜박이는 것도 잊을 정도로 긴장하곤 했습니다. 그렇지만 원시의 풍경과 거의 다르지 않은 인적 없는 황야에 지금 내가 존재한다는 것이 마음속 깊이 기뻤습니다.

≪지금 살아 있다는 모험(いま生きているという冒険)≫, 이시카와 나오키 저, 이스트프레스

사람들은 특별한 감동을 표현할 때 평소에 쓰지 않는 '평범하지 않은 말'이 필요하다고 생각한다. 그 결과 어딘가 피상적이고 현실감 옅은 말을 쓰게 된다.
감동은 글쓴이만 받는다.
그런데 인용문에 나오는 말은 아주 평범하다.
감동을 직접적으로 나타내는 말은 맨 첫 줄과 맨 마지막

줄의 "근사했습니다", "마음속 깊이 기뻤습니다" 뿐으로
이는 별달리 공들인 말이 아니다. 허세도 일절 없다.
하지만 "카누는 점점 가벼워집니다"같이 사실을
담담하게 묘사했기에 일상생활에서 상투적으로 활용되는
'기쁘다'와는 다른 차원의 느낌을 준다.
특별한 말을 쓰지 않아도 특별하게 쓸 수 있다.

프로의 기술 — ㉗
극도로 솔직한 나의 말을 그대로 쓴다

"…엇!"
창문 밖으로 시선이 간 우리들의 입에서 거의 동시에
이런 소리가 흘러나왔다.
활짝 열어둔 창문 너머로 펼쳐진 새벽녘의 희끄무레
한 하늘. 그곳엔 잠에서 깨어나는 듯 굵고 또렷한, 마치
CG 처리된 듯한 무지개가 떠 있었다.
"……"
"……"
잠시 아무 말 없이 그 무지개를 바라보는 우리.

《역시나 바보 이타야 삼대(やっぱし板谷バカ三代)》, 겟츠 이타야 저, 가
쿠가와분코

끝맺다

"마치 CG 처리된 듯한 무지개"라는 형용사를 넣으면서
문장에 현실감이 더해진다. 보통은 '영화처럼'이나
'그림 같은'이라는 표현을 쓴다.
그래서 이 천진난만한 표현이 매력적이다.
표현을 여기저기 찾아다니지 말고 솔직하게 쓰는 것이
가장 중요하다는 말을 하고 싶었다.

마음에 드는 말을 찾는다고 해도 결국 어디선가 본 상투어
또는 예비 상투어일 가능성이 높다. 그렇다면 차라리 마음
편하게 내 머리에 떠오르는 감상을 그대로 써보자.
'진정 능숙한 사람은 잔재주를 부리지 않으므로 언뜻 서툴러
보인다'라는 《도덕경》의 말처럼, 딱히 기교가 드러나지 않는
게 진정한 기술이다. 글쓰기에도 분명 그러한 면이 있다.

한눈에 포인트 32

**끝맺음에 상투어를 써도 되지만
자각 없이 쓰는 건 금물이다.
말의 신선도를 판단하자.**

그것 자체가 아닌
그것의 영향력을 써라

소설 쓰기 입문서는 난이도가 높아 활용하기 어렵지만
그중에는 '이건 오히려 실용적인 문장에 적용되는 방식
같은데?' 싶은 요령도 있다.
한 가지 예시를 들고 와봤다.
'떠먹이지 말고 떠올리게 한다'라는 기술이다.

지독하게 더운 한여름날의 열기를 묘사할 때
"덥다. 너무 덥다. 온도계가 38도를 가리키고 있다"라고
표현하는 소설가는 없다.
"아스팔트에서 올라오는 아지랑이가 어렴풋이 보였다"
혹은 "오늘 아침 물통에 담은 얼음물의 얼음이 녹아
없어졌다"처럼 묘사한다.

'덥다'라는 느낌을 독자에게 전달하고 싶다면서 왜 이렇게

끝맺다

돌려 말하는 걸까.

이렇게 써야 전달력이 더 깊어지기 때문이다.

덥다고 해서 "어쨌든 더웠다"라고 쓰면

전하고 싶은 대상을 읽는 이에게 그대로 떠먹여 주는 것과

같다. 이는 단순한 데이터처럼 마음에 미동도 안 생기는

문장으로 남고 만다.

소설에만 해당하는 얘기는 아니다.

> 점포 운영 노하우를 일주일 안에 배우기는 굉장히 힘들었지만 그
> 만큼 기억에 오래 남았습니다.

연수 리포트에 이렇게 쓰면 어떠한 인상도 남지 않는다.

다음과 같이 써보면 어떨까.

> 일주일 동안 오로지 가게만 생각했습니다. 집에 도착하고 3일이
> 나 지났는데 어젯밤에도 가게에 서 있는 꿈을 꾸었습니다.

즉 연수 그 자체의 인상보다는 연수가 나에게 미친 영향을

쓰는 게 맞다.

아주 더운 날을 온도나 태양으로 묘사하지 않고

아스팔트나 물통의 얼음처럼 '더위의 영향을 받은 것'부터
쓰는 것과 같은 맥락이다.

대상 그 자체가 아닌 그 영향력에 관해 쓰자.

그러면 대상이 머릿속에 떠오르면서 글쓴이와 읽는 이는
감동을 공유할 수 있다.

읽는 이가 떠올리는 기억은
글쓴이의 문장보다 강력하다

지금까지 한 설명의 핵심은 '떠올리게 한다'이다.

이 기술이 읽는 이에게 강렬한 인상을 남기는 이유는
문장을 본인의 힘으로 능동적으로 읽었기 때문이다.

공부할 때 혼자서 의미를 해석해보고 나름의 답을 찾아
선생님이나 친구들과 열정적으로 토론하면 확실히 기억에
남는다. 반대로 넓은 교실에서 막연하게 수업을 듣고 있으면
그 순간에는 이해했다고 생각해도 금세 잊어버리는 현상이
일어난다.

똑같다고 보면 된다.

끝맺다

읽는 이가 스스로 도달한 해석, 발견, 문제의식은
글쓴이가 최선을 다해 쓴 문장보다 훨씬 강력하다.
예를 들어 여행을 떠난 친구가 보내온 편지에
"이 풍경을 너에게도 보여주고 싶었어"라고 적혀 있다면
읽는 이는 심장이 두근거린다.
제멋대로 '호의적인 감정'을 떠올리게 되어
그 인상이 머리에서 사라지지 않기 때문이다.

이렇게 생각하면 대중 매체에 넘치는 감동 에피소드나
훈훈한 이야기에 바로 몰입할 수 없는 이유도 확실해진다.
감동은 불현듯 찾아오는 감정인데
어디서 어떻게 감동할지까지 설명하니 모든 게 일그러진다.
핵심은 '전부 말할 필요 없다'는 것이다.
정말로 좋은 이야기로 기억되고 싶다면
굳이 미담 요소를 집어넣지 말고 단순한 사실도 꾸밈없이
서술하면 된다.
이걸로도 충분히 전해진다. 좋은 이야기처럼 장식하는 데
힘들이지 말자.

현대인은 '깊이 중독'인 경향이 있다.
'깊이 있는 표현'이란 말이 상투적으로 들릴 만큼

글 쓰는 사람들이 감성적인 말이나 함축적인 표현을
너무 많이 쓴다.
이런 시대에는 오히려 조금 건조하고 간소한 표현이 감동을
전한다.

외국 다큐멘터리에서 인상 깊었던 결말이 아직도 기억난다.
이라크 전쟁 때 미군이 저널리스트가 머무는 바그다드
호텔을 포격해 사상자를 낸 사건을 취재한 내용이다(미군은
범죄자에 대한 정당한 공격이라고 주장했다).
마지막 장면에서는 저널리스트 아들을 잃은 어머니가
등장해 심경을 토로한다.
"미국 정부와 호텔을 공격한 군이 잘못을 인정하기를
바랍니다."
말 한마디, 한마디에 이를 꽉 깨물고 그녀는 마지막으로
말을 전했다.
"엄마로서 더 큰 슬픔은 내 자식이 살인자로 낙인 찍히는
겁니다."
한동안 움직일 수 없었다.
진정성 있는 말에는 힘이 있다.

지금까지 말한 걸 정리해보겠다.

대상 그 자체의 일은 굳이 쓰지 않는다.

→ 그 대신 대상의 영향력을 쓴다.

→ 읽는 이는 그 영향으로 대상을 떠올린다.

→ 읽는 이가 스스로 떠올린 일은 글쓴이의 글보다 강력하다.

이제 이해했으리라 본다.(←이 표현은 결말을 알게 모르게 납득시키는 효과를 발휘한다. 마무리 느낌의 표현들에 관해서는 183페이지를 참고.)

다음은 드디어 문장의 끝맺음에 관한 마지막 법칙이다.

한눈에 포인트 33

**대상에 대해 쓰지 않고 그 영향력을 써서
읽는 이에게 대상을 상기시킨다.
강력한 방법이다.**

모든 걸
말할 필요 없다

두 권의 책에서 프로가 글을 마무리 짓는 방식을 살펴보자.

프로의 기술 — ㉘
태클만 걸고 끝낸다

여담이지만 《방귀로 공중 우크라이나(屁で空中ウクラ
イナ)》의 편집자는 나의 지인인 M 군이다. 그 M 군한
테서 들은 이야기다. 피에르 씨는 이 책의 표지에, 문지
르면 냄새가 나는 잉크를 사용하려고 했다. 심지어 '방
귀' 챕터를 문지르면 똥 냄새가 나고, '공중'을 문지르
면 민트 냄새가 나는 걸 하고 싶었다고 한다. 뭐야 그
게.

《뭉클해지는 제목(ぐっとくる題名)》, 블루봉 고바야시 저, 츄코신쇼라끌
레

말끔한 결말은 대개 단문이다.
지금 책장으로 가서 현대에 쓰인 책들의 결말 방식을
뒤져봤는데
거의 다 한 문장으로 끝났다. 길어봤자 두 문장이다.
읽는 이 스스로의 떠올림을 방해하는 장황한 묘사나 설명은
여운을 남기지 않는다.

위 인용문은 책이나 영화의 제목을 둘러싼 에세이의
끝맺음이다.
어떤 책의 장정(裝丁)에 얽힌 에피소드를 정확하고
섬세하게 설명한 뒤
"뭐야 그게"라고 태클을 걸고 끝을 맺는다. 이게 전부다.
끝나는 느낌이 확실히 느껴지고 여운이 남는
재치있는 결말 방식이다.

결말까지 다 쓰고 어딘지 부족한 느낌이 들면
마지막에 설명조가 아닌 '짧은 한 문장'을 넣어보자.
결말에 납득되는 느낌을 불어넣을 수 있다.

프로의 기술 ― ㉙

조금 어려운 말을 넣어 고민하게 만든다

기술자는 시공간을 더욱 밀접하게 만들어 결국 아예 없는 상태가 되면 필시 세상이 좋아질 거라며 지금도 개발에 매진하고 있다. 그는 맹목적으로 이를 진보라고 믿어 의심치 않는다. 아무도 풍족해질 수 없는 증거가 눈앞에 있는데 눈을 뜨지 못한다. 눈을 뜨고 나면 산업 혁명 이전으로 돌아갈 수밖에 없으니 눈을 뜨지 않는 것이다. 선인은 '기계가 있으면 반드시 기사(機事)[20]가 있다'고 말했다.

《〈나츠히코의 사진 칼럼〉걸작선〈1〉(「夏彦の写真コラム」傑作選〈1〉)》, 야마모토 나츠히코 저, 신쵸우분코

읽는 이를 생각에 잠기게 하는 알 듯 말 듯한 어려운 말로 끝을 맺으면 '이게 무슨 의미지?' 하고 다 읽고 나서도 머릿속에서 맴돈다.

20　밖으로 드러나면 안 되는 비밀스러운 일을 의미한다.

끝맺다

'기계가 있으면 반드시 기사가 있다'는《장자》에 나오는
고사로, 기계를 쓰면 편하지만 그만큼 인간성을 잃고
여태껏 생각지도 못한 문제가 일어난다는 의미다.
우물물을 길으려 통에 달린 끈을 당기는 노인을 보고
지나가던 사람이 요즘은 편리한 도르래가 있다며
핀잔을 줬다.
노인은 "알고 있다네"라고 대답하더니
이어서 다음과 같은 말을 했다고 한다.
"편리할수록 위험하다네."
말도 그러하다.

대놓고 쓰지 않고 떠올리게 하는 수단은
편지나 메일에서 효과적이다

앞 장에서 대상 자체의 얘기를 쓰지 않을 때 전달력이 더
높아진다고 설명했다.
솔직히 말하면 난이도가 좀 높다. 시선을 분산시키는 요소가
넘쳐나는 현대 사회에서 대상을 스스로 떠올리게 하는
방법은 지나치게 정공법일 수 있다.
그러나 여전히 읽는 이가 시간을 들여 집중하는

편지나 메일에서는 효과가 충분히 발휘된다.

예를 들어 평소에 신경을 많이 써주는 사람한테
감사의 편지와 선물을 보낸다고 해보자.
단순히 예의를 표하는 게 아니라
진심으로 감사의 마음을 전하고 싶다.
"평소에…… 마음속 깊이 감사드리며……"는
지나치게 딱딱하다.
"완전 감사합니다!"도 사회인치고 위엄이 없다.
그래서 특별한 감사를 전하기 위해 아래와 같이
생각해보았다.

◯ 생동감 있는 문장

항상 신세 지고 있습니다. 얼마 전 도후쿠로 출장을
갔다가 맛있는 일본주를 발견해 애주가인 오쿠노 씨
에게 보내드립니다.
꽤 귀한 일본주라고 합니다. 소량 생산이라 제조 지역
에서도 이 술을 얻기가 힘들어 특별한 날에 마시는 일
이 많다고 하네요. 저는 일본주를 자세히 몰랐는데 그

끝맺다

지역 회사 사장님께 여쭤보니 선물할 거면 이 술이 가장 좋다고 알려주셨습니다.
오쿠노 씨의 마음에 들었으면 좋겠습니다.

이 정도면 낯 뜨겁지 않게 그 사람을 소중하게 여긴다는 마음이 전해지지 않을까.
포인트는 '○○ 씨가 기뻐하는 모습이 보고 싶어 샀다'는 직접적인 말을 쓰지 않는 것이다.
선물을 고른 경위를 설명하면
'○○ 씨만을 위해 찾아보고 일본주를 샀다'는 사실이 상기된다.
즉, 감사의 마음이 자연스레 전해진다.
설명이 길어지면 압박같이 느껴져 '스스로 떠올림'에서 멀어진다.
조금 냉담한 정도가 적당하다.

다시 말하는데 모든 걸 말하지 말자.
메일을 읽는 시점에는 직관적으로 와닿지 않아도 술을 입에 대는 순간 그 마음을 알아줄 것이다.

이런 소통이 바로 어른의 방식이다.

옮긴이 | **명다인**

중앙대학교에서 무역학과 일본어문학을 전공했다. 무역회사에서 수출입과 통번역 업무를 담당하며, 책 번역의 꿈을 키웠다. 현재 번역 에이전시 엔터스코리아 출판기획 및 일본어 전문 번역가로 활동하고 있다. 역서로는 《인상의 심리학》이 있다.

일 잘하는 사람이 반드시 쓰는 글 습관

초판 발행 · 2023년 12월 6일

지은이 · 오쿠노 노부유키
옮긴이 · 명다인
발행인 · 이종원
발행처 · (주)도서출판 길벗
브랜드 · 더퀘스트
출판사 등록일 · 1990년 12월 24일
주소 · 서울시 마포구 월드컵로 10길 56(서교동)
대표전화 · 02)332-0931 | **팩스** · 02)323-0586
홈페이지 · www.gilbut.co.kr | **이메일** · gilbut@gilbut.co.kr
대량구매 및 납품 문의 · 02)330-9708

책임편집 · 송혜선(sand43@gilbut.co.kr) | **제작** · 이준호, 손일순, 이진혁, 김우식
마케팅 · 한준희, 김선영, 류효정, 이지현 | **영업관리** · 김명자, 심선숙 | **독자지원** · 윤정아, 전희수

디자인 · 박상희 | **조판** · 이은경 | **CTP 출력 및 인쇄, 제본** · 정민

ISBN 979-11-407-0724-9 (03190)
(길벗 도서번호 040228)

정가 16,800원

독자의 1초까지 아껴주는 길벗출판사

(주)도서출판 길벗 | IT교육서, IT단행본, 경제경영서, 어학&실용서, 인문교양서, 자녀교육서 **www.gilbut.co.kr**
길벗스쿨 | 국어학습, 수학학습, 어린이교양, 주니어 어학학습, 학습단행본 **www.gilbutschool.co.kr**

페이스북 **www.facebook.com/thequestzigy**
네이버 포스트 **post.naver.com/thequestbook**